Avaliação de Políticas Públicas e Garantia de Direitos

EDITORA AFILIADA

Coordenadora do Conselho Editorial de Serviço Social
Maria Liduína de Oliveira e Silva

Conselho Editorial de Serviço Social
Ademir Alves da Silva
Dilséa Adeodata Bonetti (*in memoriam*)
Elaine Rossetti Behring
Ivete Simionatto
Maria Lúcia Carvalho da Silva (*in memoriam*)
Maria Lucia Silva Barroco

Dados Internacionais de Catalogação na Publicação (CIP)
(Câmara Brasileira do Livro, SP, Brasil)

Tejadas, Silvia da Silva
  Avaliação de políticas públicas e garantia de direitos / Silvia da Silva Tejadas. — São Paulo : Cortez, 2020. — (Coleção temas sociojurídicos / coordenação Maria Liduína de Oliveira e Silva, Silvia Tejadas)

  Bibliografia.
  ISBN 978-85-249-2762-1

  1. Brasil. Ministério Público 2. Defensoria pública 3. Direitos humanos 4. Poder judiciário 5. Políticas públicas - Brasil 6. Serviço social I. Silva, Maria Liduína de Olivera e. II. Tejadas, Silvia. III. Título. IV. Série.

20-32984   CDD-361.61

Índices para catálogo sistemático:
1. Políticas públicas e garantia de direitos 361.61

Cibele Maria Dias - Bibliotecária - CRB-8/9427

Silvia da Silva Tejadas

Avaliação de Políticas Públicas e Garantia de Direitos

São Paulo – SP
2020

AVALIAÇÃO DE POLÍTICAS PÚBLICAS E GARANTIA DE DIREITOS
Silvia da Silva Tejadas

Capa: de Sign Arte Visual
Preparação de originais: Agnaldo Alves
Revisão: Maria de Lourdes de Almeida
Composição: Linea Editora
Coordenação Editorial: Danilo Morales
Assessoria editorial: Maria Liduína de Oliveira e Silva
Editora-assistente: Priscila Flório Augusto

Nenhuma parte desta obra pode ser reproduzida ou duplicada sem autorização expressa da autora e do editor.

Copyright © 2020 by Autora

Direitos para esta edição
CORTEZ EDITORA
R. Monte Alegre, 1074 — Perdizes
05014-001 — São Paulo-SP
Tel.: + 55 11 3864 0111 / 3803 4800
cortez@cortezeditora.com.br
www.cortezeditora.com.br

Impresso no Brasil — março de 2020

Dedico esta produção aos (às) assistentes sociais do Ministério Público brasileiro e, em particular, às do Rio Grande do Sul, pela generosidade da partilha dos saberes, das experiências e dos aprendizados e, sobretudo, pela ousadia na construção conjunta da identidade profissional na direção da garantia dos direitos humanos. As reflexões aqui compartilhadas têm a marca do nosso palmilhar coletivo!

Sumário

Apresentação da Coleção 9

Prefácio 11

Guiando a leitura 17

Capítulo 1 ■ Políticas Públicas: caminhos e descaminhos no Brasil 21
  1.1 À guisa de conceituação: as políticas sociais públicas no capitalismo 50

Capítulo 2 ■ O Sociojurídico e as políticas públicas: interfaces possíveis 59
  2.1 A Defensoria Pública e suas interfaces com as políticas públicas 61
  2.2 A exigibilidade de direitos a partir do Ministério Público .. 63
  2.3 Interfaces do Poder Judiciário com as políticas públicas 77

Capítulo 3 ■ As possibilidades de afirmação e expansão de direitos a partir da avaliação de políticas públicas no Sociojurídico 85

3.1 Algumas diretrizes para a avaliação de políticas públicas pelos assistentes sociais no Sociojurídico............................... 87

3.2 Elementos conceituais para a avaliação de políticas públicas 106

3.3 A avaliação de políticas públicas no contexto do Sociojurídico.. 113

3.4 Avaliação de instituições de atendimento: particularidades em relevo 139

Alinhavos finais: em meio ao cenário contemporâneo de desmonte de direitos... 151

Leituras afins... 155

Filmografia... 157

Referências.. 159

Apresentação da Coleção

A Coleção Temas Sociojurídicos se conforma na produção de um conjunto de obras articuladas que abordam diferentes temáticas inscritas na particularidade dos espaços sócio-ocupacionais, que o Serviço Social convencionou chamar de área sociojurídica, que reflete o trabalho profissional desenvolvido diretamente ou em interface com o Sistema de Justiça. Este Sistema, no geral, é composto por instituições como o Poder Judiciário, Ministério Público, Defensoria Pública, Sistema das Medidas de Proteção, Sistema de Execução das Medidas Socioeducativas, Sistema de Segurança Pública, Sistema Prisional e as redes de defesa, promoção e proteção do Sistema de Garantias de Direitos.

Almeja-se, a partir de produções individuais ou coletivas, descortinar as relações sociais de violência, de preconceito, de criminalização das expressões da questão social e as práticas conservadoras-higienistas produzidas pelas instituições do Sociojurídico, alinhadas ao arcabouço penal do Estado capitalista contemporâneo. Nessa direção, perscrutam-se fundamentos críticos, estratégias de resistência, sintonizadas com as lutas sociais e práticas pedagógicas emancipadoras que se coadunam com a liberdade, com a defesa dos direitos humanos e com o combate à desigualdade. Para tanto, propõe-se a dialética articulação teórico-prática, capaz de prospectar e repropor processos sociais cotidianos na práxis profissional.

O momento em que a Coleção é lançada é dramático. Avançam as reformas que elevam ao máximo os pressupostos liberais, ou seja, reduzem o alcance do incipiente Estado social brasileiro, alimentam o ódio em diversas dimensões da vida social, estimulando linchamentos morais e sociais, a exacerbação da prisão como medida de controle social e a intolerância para com a diferença. Nessa contextura, esta Coleção, na ótica da educação permanente, nasce para dialogar com a demanda crescente de profissionais e estudantes que atuam no Sociojurídico e buscam subsídios para compreender tais movimentos.

Espera-se que a aproximação com as obras que compõem a Coleção favoreça, entre autores e leitores, o compromisso com os sujeitos de direito que transitam entre essas instituições e estimule processos coletivos de resistência, exigibilidade e materialização de direitos.

Entre São Paulo e Porto Alegre.

Maria Liduína de Oliveira e Silva
Silvia Tejadas

Prefácio

É com imensa alegria que aceitei o honroso convite para fazer o prefácio desta obra. Primeiro, porque sua autora é profissional de primeira grandeza quando o tema é o Sistema de Justiça no Brasil e as instituições que o integram. Silvia Tejadas é assistente social do Ministério Público do Rio Grande do Sul, com larga experiência profissional, mas também na pesquisa e na educação permanente de gerações de assistentes sociais e outros(as) profissionais dedicados(as) a viabilizar serviços e acessos a direitos, especialmente para os grupos mais subalternizados da sociedade brasileira. Em segundo lugar, por eleger a temática das políticas públicas e os desafios da qualificação das instituições responsáveis pela prestação de serviços sociais, e nelas dos(as) seus(suas) trabalhadores(as) públicos(as), mediadores(as) institucionais sem os(as) quais não se viabilizam respostas, ainda que insuficientes, ao agravamento da "questão social" e suas múltiplas e dramáticas expressões na vida das distintas camadas da classe trabalhadora. E terceiro, porque esse debate é relevante e oportuno justamente em um cenário sociopolítico de radicalização conservadora, em que o trabalho e os direitos dele decorrentes sofrem o mais profundo ataque, juntamente com a desconstrução sem precedentes das políticas públicas e do embrionário e inconcluso Estado Social brasileiro e, em decorrência, da imagem pública dos seus trabalhadores e trabalhadoras e de sua suposta desnecessidade.

O livro que ora vem a público integra a *Coleção Temas Sociojurídicos* da Cortez Editora e vem se somar ao conjunto de títulos voltados à problematização do trabalho de assistentes sociais e profissionais de áreas afins, nas instituições que integram a *área sociojurídica*[1] em interface com o Sistema de Justiça.

A obra tem como objeto a avaliação de políticas públicas como uma das competências profissionais de assistentes sociais nas instituições que compõem o Sistema de Justiça: Poder Judiciário, Ministério Público, Defensoria Pública, Polícias Civis e Militares, instituições executoras de medidas socioeducativas e protetivas de acolhimento, entre outras.

Especialmente a partir da Constituição Federal de 1988, quando o Ministério Público (MP) amplia suas funções e incorpora assistentes sociais em seu quadro funcional, este passou a atuar no fomento e fiscalização de políticas públicas, zelando pelo seu cumprimento de acordo com as definições normativo-jurídicas que as referendam. Contudo, não apenas o MP mas também o Poder Judiciário, quando as demandas são judicializadas, e a Defensoria Pública, atuando no campo dos direitos difusos e coletivos, têm sido acionados para fiscalização e avaliação de serviços, programas, projetos e benefícios das diferentes políticas sociais cujo escopo é a defesa dos direitos humanos e da dignidade da vida. Nesse âmbito, cabe às(aos) assistentes sociais contribuir com sua *expertise* na garantia do atendimento aos direitos dos distintos segmentos sociais abrangidos pelas instituições componentes do Sistema de Justiça.

---

1. No sentido elaborado por Elisabete Borgianni (2013): "Conjunto de espaços sócio-ocupacionais onde atuam assistentes sociais, psicólogos, trabalhadores de áreas afins e operadores do Direito, nos quais as atribuições privativas e as competências destes profissionais são mediadas pelo universo jurídico e pelo Direito e onde se aplicam e se executam as determinações judiciais ou se tem interface com as mesmas". *In*: Estatuto dos Assistentes Sociais e Psicólogos da Área Sociojurídica do Brasil — *AaspBrasil*, 2013. Disponível em: http://aaspsibrasil.org.br/ Acesso em: 3 jan. 2020.

Apesar dessa demanda crescente e da abundante literatura sobre políticas sociais no Serviço Social, a temática da avaliação de políticas públicas não tem sido objeto de debates mais aprofundados, e a produção bibliográfica ainda é acanhada face à necessidade apresentada por profissionais, que carecem de instrumentos teórico-práticos para responder com rigor técnico, crítico e propositivo a esta importante requisição institucional.

O livro está organizado em três capítulos e subitens, incluindo a introdução, além das conclusões, que contextualizam e problematizam: as políticas públicas e sua funcionalidade contraditória na ótica dos interesses do capital e do trabalho no âmbito do Estado burguês, seus limites e possibilidades; as atribuições de fiscalização e avaliação das políticas públicas pelas principais instituições que compõem a área sociojurídica, a saber, o MP, a Defensoria Pública e o Poder Judiciário, este último como instância de judicialização das demandas por políticas públicas; a atuação de assistentes sociais e profissionais afins na fiscalização das instituições de atendimento e na avaliação de políticas públicas, propondo desenhos e itinerários metodológicos possíveis de serem incorporados nesses processos, considerando as contradições desencadeadas pela (contra) reforma neoliberal do Estado e a remodelagem das formas de organização e prestação dos serviços sociais públicos. Contém ainda uma sugestiva filmografia relacionada às temáticas dos direitos humanos e instituições (totais) de reclusão, além das referências e fontes indicadas, que evidenciam a ampla e cuidadosa pesquisa bibliográfica e documental realizada pela autora.

É visível o esforço empreendido para produzir um texto de largo alcance do público interessado, prioritariamente assistentes sociais, mas também a diversidade de profissionais que atuam nos aparelhos do Sistema de Garantia de Direitos[2]. Para isso, a autora adota um estilo de redação direta sem, contudo, perder rigor científico e densidade teórica, cuidando para elaborar sínteses enxutas do pensamento dos(as) autores(as) sobre as

---

2. SGD, conforme definição da Resolução n. 113/2006 do Conselho Nacional dos Direitos da Criança e do Adolescente (CONANDA).

matérias abordadas, ressalvado o seu posicionamento ético-político presente ao longo do texto.

Entre os inúmeros méritos deste, livro inclui-se o de oferecer às(aos) assistentes sociais subsídios teórico-metodológicas e ferramentas técnico-práticas para o desempenho da requisição profissional que versa sobre avaliação de políticas sociais (serviços, programas, projetos e benefícios) e de instituições, a partir do lugar que ocupam no Sistema de Justiça, sem abrir mão dos valores e princípios do Código de Ética profissional e das diretrizes do projeto político-profissional do Serviço Social, entre os quais o compromisso com a defesa intransigente dos direitos, da autonomia, da liberdade dos indivíduos sociais, bem como a crítica radical a preconceitos e discriminações de qualquer natureza, verdadeira bússola a guiar o trabalho profissional.

Como Silvia Tejadas é reconhecida intelectual e profissional com larga trajetória na área sociojurídica, o texto se beneficia da rica experiência que a autora generosamente põe a serviço dos(as) leitores(as), apresentando exemplos extraídos de sua própria experiência de lastro coletivo alertando, contudo, que não se trata de modelos a serem seguidos. Ao longo da cuidadosa exposição, a autora vai chamando atenção para a complexidade da tarefa de avaliação, que se aprofunda na atual conjuntura de negação de direitos e de avanço do conservadorismo no Brasil e no mundo; mas, ao mesmo tempo, oferece pistas e caminhos para facilitar a empreitada, sem banalizar um processo eivado de desafios, incertezas e armadilhas que podem atravessar o caminho dos(as) representantes institucionais, experiente que é nesse campo minado das instituições operadoras do Direito em nosso País. Orientações que colaboram para que assistentes sociais possam romper com visões deterministas e/ou voluntaristas para se apropriarem da dinâmica contraditória dos espaços institucionais e poderem formular estratégias individuais e coletivas que escapem da reprodução acrítica das requisições do poder institucional

Não sendo estáticas, atribuições e competências profissionais não podem ser congeladas frente às transformações do Estado, das políticas sociais e das novas configurações da "questão social", no atual estágio do capitalismo mundial e financeirizado do século 21, considerando ainda a particularidade da inserção periférica e dependente do Brasil. As requisições profissionais se efetivam no terreno invariavelmente contraditório e polarizado pelos projetos societários, cuja direção em disputa permanente medeia o trabalho profissional nos diferentes espaços do Sistema de Justiça em que assistentes sociais se inserem como trabalhadoras(es) assalariadas(os).

Por tudo o que foi indicado, o(a) leitor(a) tem em mãos uma obra original e necessária, que vem suprir a escassez de material sobre a temática de avaliação de políticas públicas no âmbito das principais instituições que integram o Sistema de Justiça em nosso País. Mais ainda pela contribuição da autora alinhada à perspectiva daquelas(es) que buscam manter-se no terreno da crítica, do desvelamento do tempo presente, não para afirmá-lo, mas para contribuir para sua superação.

Raquel Raichelis
No prelúdio de 2020

Guiando a leitura

Esta produção compõe a Coleção Temas Sociojurídicos, que veio em boa hora para os profissionais que fazem das instituições do Sociojurídico o solo sócio-histórico para o devir de sua atuação profissional. Este campo ou área, se está em meio a (in)definições, é longevo na intervenção profissional que data, ao menos da década de 1940, nos Tribunais para Menores. Apesar disso, ainda não se tinha um conjunto de produções articuladas entre si que lançassem um olhar crítico e, sobretudo, teórico-prático sobre a experiência profissional nas instituições que compõem esse *locus* — Poder Judiciário, Ministério Público, Defensoria Pública, Polícias Civis e Militares, instituições executoras de medidas socioeducativas e protetiva de acolhimento, forças armadas, entre outras.

A produção ora disponibilizada é fruto da trajetória profissional da autora como assistente social do Ministério Público do Rio Grande do Sul, assim como das suas incursões junto à categoria profissional no conjunto CFESS/CRESS, mais especificamente nos grupos de trabalho sociojurídicos e nos espaços coletivos protagonizados pelos assistentes sociais do Ministério Público do Brasil, que desde 2006 buscam delinear a identidade profissional nesse recorte do Sociojurídico. É, portanto, com base na experiência profissional no Gabinete de Assessoramento Técnico/Unidade de Assessoramento em Direitos Humanos no Ministério Público/RS e nas andanças junto aos assistentes sociais dessas instituições e das demais do Sociojurídico, que nasce a proposta de escrever sobre a **avaliação de políticas públicas**, como parte constitutiva desse *locus* de intervenção profissional.

O tema da avaliação de políticas públicas é pouco discutido no Serviço Social, pois a maioria das produções se concentra na discussão conceitual, sócio-histórica e conjuntural da temática. Desse modo, a construção aqui realizada busca também situar os elementos conceituais e históricos, uma vez que não há como desenraizar as políticas públicas, mas se propõe a dedicar algum fôlego, com amparo nas fontes disponíveis na profissão e em outras áreas do conhecimento, ao processo de conhecimento e avaliação das políticas públicas.

Especialmente a partir da Constituição Federal de 1988, o Ministério Público, em particular, passou a atuar no fomento e fiscalização de políticas públicas. Com o ingresso dos assistentes sociais nesta Instituição, sobretudo a partir de meados da década de 1990, a profissão foi paulatinamente se inserindo nessa seara, ao ponto em que a atuação no direito difuso e coletivo em alguns estados é o espaço prioritário de atuação dos assistentes sociais. Nesse processo, a avaliação de políticas públicas vem constando nas atribuições dos profissionais, porém, dadas as poucas produções com esse enfoque, tais experiências ainda carecem de produções teórico-práticas que problematizem o tema.

Vale ressaltar, contudo, que a atuação dos assistentes sociais na avaliação de políticas públicas não é exclusiva do Ministério Público, pois ao serem judicializadas ações civis públicas cuja temática seja a da política pública, os assistentes sociais do Poder Judiciário também podem ser acionados a atuar, na condição de peritos. Ainda, cada vez mais, a Defensoria Pública tem expandido sua atuação para o direito coletivo, já havendo demandas para os profissionais daquela Instituição na avaliação de serviços, programas, projetos disponibilizados à população.

É com o propósito de contribuir nessa dimensão que se desenha a presente produção, a qual se propõe a discutir a temática do ponto de vista teórico, quanto aos seus fundamentos, e, sobretudo, oferecer algumas possibilidades de trajetórias nos processos interventivos da profissão. Não se tem a pretensão de disponibilizar um guia, mas sistematizar discussões e percursos históricos já trilhados, para que outros avancem ainda mais a partir do desenvolvimento de habilidades e competências que permitam, na interface com as políticas públicas, resistir, garantir e ampliar direitos humanos, sejam eles civis, políticos, sociais, culturais ou ambientais.

Assim, dentro dos limites de uma produção enxuta, de linguagem direta e com esse foco específico, pois complementa outras obras da Coleção, um primeiro capítulo apresenta as políticas públicas no Brasil, em sua historicidade e conexões com o modelo de Estado adotado em diferentes momentos da história do Brasil. Nesse caso, é dado enfoque à arquitetura adotada nas últimas décadas. Ainda, aborda a política pública do ponto de vista conceitual, sua estruturação no Estado capitalista a partir de processos de concessão-conquista.

O segundo capítulo dedica-se às possibilidades interventivas da Defensoria Pública, do Ministério Público e do Poder Judiciário na garantia da efetivação das políticas públicas. São mapeadas algumas das previsões legais sobre a fiscalização de políticas públicas por parte do Ministério Público e do Poder Judiciário. Após, adentra-se ao tema da judicialização da demanda por políticas públicas e algumas tendências do Poder Judiciário nessas querelas, discutindo brevemente a corrente que defende a reserva do possível.

O terceiro capítulo, por seu turno, volta-se ao tema da atuação do Serviço Social na fiscalização de instituições de atendimento e na avaliação de políticas públicas, desenhando alguns aspectos metodológicos desses processos. Parte da discussão sobre o referencial teórico acerca do tema, buscando aproximações com a realidade do Sociojurídico e compartilhando possíveis caminhos metodológicos e analíticos. Como não poderia deixar de ser, este capítulo aborda as contradições presentes no processo de avaliação das entidades de atendimento e das políticas públicas sociais de modo geral, bem como o avanço do neoliberalismo financista e sua repercussão das políticas públicas: a conexão entre os movimentos da macroconjuntura e seus efeitos no cotidiano das políticas.

Enfim, esse é o propósito desta produção, e não se pode deixar de mencionar que ela é, também, fruto de processos coletivos de trabalho, pois nas andanças entre tantos espaços aprendemos uns com os outros, e tudo o que é aqui trazido tem a marca das tensões, achados e perscrutações de muitos assistentes sociais, em especial as colegas do Ministério Público do Rio Grande do Sul. Por fim, esta produção parte das caminhadas do Serviço Social, mas, certamente, dialogará com muitas outras profissões que habitam o Sociojurídico — Promotores de Justiça, Juízes, Advogados, Psicólogos, Sociólogos, Médicos, Pedagogos e, também, por que não, as tantas áreas que dialogam com os temas do Meio Ambiente e da Administração Pública.

Capítulo 1
Políticas Públicas:
caminhos e descaminhos no Brasil

Este capítulo destina-se a trazer à tona alguns fundamentos importantes para o entendimento da política pública nos processos de assessoramento do Serviço Social, no caso do Ministério Público e Defensoria, ou de perícia, aos profissionais do Judiciário. Compreender as lógicas que sustentam as políticas públicas no capitalismo é essencial para evitar as posturas messiânicas ou cooptadoras que depositam nestas expectativas de mobilidade social. Desse modo, atentar para seus limites e possibilidades no marco do sistema vigente é basilar para prospectar a intervenção.

Em alguns momentos a discussão será dirigida às políticas sociais, todavia a linha central da produção se fundamenta na perspectiva de que os direitos humanos estão articulados, quer sejam civis, políticos, sociais, ambientais, culturais. Dada a sua indivisibilidade, portanto, requererão sempre políticas públicas que os materializem. Nesse caso, a visão fragmentada em torno dos direitos humanos, classificando-os na perspectiva geracional em civis, políticos, sociais e aqueles relacionados ao meio ambiente, à paz, ao convívio humano, ao patrimônio comum da humanidade, pode conduzir a dificuldades na sua implementação. Nesse sentido, a ideia de indivisibilidade dos direitos é bastante pertinente; o direito à vida, por exemplo, abraça outros direitos, como viver com dignidade. Assim, há uma "invisibilidade prática dos direitos humanos, o que significa ver e tratar determinados direitos a um só tempo como de repercussões civis, políticas, econômicas, sociais e culturais" (Lima Júnior, 2002, p. 89).

O autor referenciado defende a indivisibilidade dos direitos ao problematizar o direito à greve, por exemplo, que se relaciona à liberdade de expressão e, portanto, ao campo dos direitos civis e políticos; em outra direção, o mesmo direito à greve é exigível do Estado, portanto passa a ter dimensão coletiva, relacionado ao âmbito econômico, social e cultural. Outro exemplo das conexões entre direitos individuais, difusos e coletivos é a situação das mulheres vítimas de violência doméstica, as quais, entre outros, têm seus direitos — à vida e à liberdade — lesados. Dessa violação resultaram lutas por reconhecimento destes sujeitos de direitos — mulheres vítimas da violência doméstica —, que implicaram legislação específica, a Lei n. 11.340, de 07/08/2006, denominada Lei Maria da Penha, a qual requer políticas, programas e serviços, além de procedimentos jurídicos, que venham a interferir nesse fenômeno social. Muitos dos serviços de proteção à mulher vítima de violência no Brasil estão alocados no âmbito da política pública de saúde, mormente considerada uma política social. Com isso se quer demonstrar a perspectiva indivisível dos direitos humanos e, em consequência, o risco de classificações estanques das políticas.

Feita essa introdução ao entendimento articulado dos direitos e das políticas que os materializam, é mister observar, do ponto de vista histórico, o modo como o Estado brasileiro vem se relacionando com as políticas públicas. Nesse caso, é preciso, de partida, superar qualquer visão evolucionista destas, pois os processos históricos são dinâmicos e alinhados com as forças e os projetos em disputa na sociedade. Assim, os direitos estão sempre em questão, e sua materialização, por meio das políticas públicas, também.

Para prospectar os rumos das políticas públicas no Brasil do século XXI, ou até mesmo discuti-las no contexto atual, faz-se necessária uma recorrida ao passado. Para Löwy (1978, p. 76),

[...] dizer que os homens fazem a história não significa, bem entendido, que eles a façam segundo sua 'livre vontade': os homens fazem sua própria história, mas não a fazem arbitrariamente, em condições escolhidas por eles, mas em condições diretamente dadas e herdadas do passado.

O Brasil é um país marcado por desigualdades, as quais têm sua gênese no passado. Então, conhecer as políticas públicas brasileiras implica descortinar as desigualdades constituídas ao longo da história e a resposta estatal dada.

O relatório anual do Instituto Brasileiro de Geografia e Estatística (IBGE), que analisa dados de 2017, traz alguns indicadores que demonstram traços da história brasileira persistentes ao longo do tempo, embora as recentes políticas econômicas e sociais tenham buscado esbater alguns dos efeitos da desigualdade. A exemplo, o relatório aponta que, em 2017, os brancos ganhavam, em média, 72,5% mais do que pretos ou pardos (mantendo indicadores superiores em todos os níveis de escolaridade), e os homens 29,7% mais que as mulheres. Tem-se aí, em dois dados, diferenças raciais, étnicas e de gênero substanciais. As desigualdades regionais também são expressivas e podem ser identificadas na análise das diferenças de rendimentos médios do trabalho que obedece a seguinte distribuição regional (do maior para o menor rendimento): Sudeste, Centro-Oeste, Sul, Norte, Nordeste.

Pochmann (2004), estudioso dos indicadores brasileiros, afirma que as diferenças regionais não são homogêneas, pois há o que denomina de "acampamentos" de inclusão social em meio à ampla "selva" de exclusão. Em especial as regiões Norte e Nordeste apresentam os piores indicadores. Já as regiões Centro-Sul, embora demonstrem melhores indicadores de renda e sociais, apresentam zonas de grande pobreza, bem como os "novos pobres", ou seja, aqueles grupos que estiveram incluídos no mercado e perderam suas posições, mesmo tendo bons níveis de escolaridade.

O estudo do IBGE analisou ainda cinco dimensões relacionadas a restrições críticas nas condições de vida da população: educação (crianças e adolescentes de 6 a 14 anos fora da escola; pessoas com mais de 15 anos analfabetas; pessoas com mais de 16 anos sem ensino fundamental completo);

proteção social (pessoas que satisfazem a duas das condições: domicílios com renda per capita inferior a ½ salário mínimo; sem outras fontes de renda; sem residentes maiores de 14 anos contribuintes do Instituto Nacional do Seguro Social); moradia adequada (sem banheiro de uso exclusivo e/ou paredes externas construídas de materiais não duráveis e/ou ônus excessivo com aluguel); serviços de saneamento básico (sem acesso simultâneo a três serviços de saneamento, como: coleta direta ou indireta de lixo, abastecimento de água por rede geral, esgotamento sanitário por rede coletora ou pluvial); comunicação (sem acesso à internet) (Brasil, 2018).

> Em 2017, no Brasil 15,8% da população estava submetida a, ao menos, três das cinco restrições aqui estudadas, com maior incidência nas Regiões Norte (32,7% da população) e Nordeste (29,7%). Quanto às dimensões, excetuando-se a Região Sudeste, onde a restrição mais recorrente foi à educação (atingindo 24,1%) das pessoas, a restrição com maior incidência está relacionada ao acesso a serviços de saneamento básico, atingindo fortemente a população das Regiões Norte, 82,3%, e Nordeste, 58,8% (Brasil, 2018, s/p).

Os dados apurados pelo IBGE, relativos ao ano de 2017, possuem determinantes que se desenrolam desde os primórdios da história do Brasil. A passagem do Brasil de Colônia de Portugal a país independente pouco alterou seu cenário político, econômico e social. Por certo, Portugal deixou legados importantes, como a unidade territorial, linguística, cultural e religiosa do país. Em contrapartida, alicerçou as desigualdades nacionais por meio de uma população analfabeta, uma sociedade escravocrata e uma economia baseada na monocultura e no latifúndio. Enfim, uma sociedade conduzida por um Estado absolutista, que patrocinou o extermínio de milhares de indígenas (Carvalho, 2004).

A exploração agrícola das terras brasileiras tornou-se meio de proceder a uma ocupação rentável das terras descobertas, após a exploração da riqueza natural que atraiu, inicialmente, a atenção dos portugueses — o pau-brasil. Nesse sentido, Portugal trouxe para o Brasil sua experiência técnica e comercial, acumulada nas Ilhas do Atlântico, na produção de açúcar, com o auxílio dos holandeses quanto ao capital, refino e distribuição do produto na Europa (Furtado, 2007). A empresa açucareira contou, inicialmente, com mão de obra indígena e, na sua fase de expansão, passou a dispor de escravos africanos.

> A importação deles teve início quando se constatou que os indígenas da nova terra, embora capazes de grandes esforços, sempre que se tratasse de lutar pela própria sobrevivência, não se adaptavam ao trabalho constante e regular que uma empresa de caráter semicapitalista exigia, como era o caso das plantações de açúcar e fumo (Holanda, 2002, p. 75).

Na época, os portugueses tinham conhecimento do mercado africano de escravos, passando, então, a utilizar a mão de obra escrava como alicerce do negócio, o qual se mostrou extremamente rentável. A atividade açucareira pouco utilizava segmentos distintos, visto que adquiria apenas lenha e gado de outros povoados. Assim, apesar de seu bom desempenho, não alavancava o crescimento de regiões vizinhas, os rendimentos extraordinários para a época, concentravam-se nas mãos dos proprietários de engenhos e de plantadores de cana, os quais consumiam bens importados (Furtado, 2007). A economia açucareira, fundada no trabalho escravo e na exportação, não possibilitava fluxos monetários no interior da Colônia, pois não permitia uma articulação do sistema de produção e de consumo. Dava-se início à **concentração de renda**, além de demarcar o papel que o Brasil Colônia desempenhava no contexto mundial, ou seja, uma economia dependente, cuja função era a exportação de produtos agrários.

A decadência desse sistema caracterizou-se por um definhamento da empresa açucareira, visto que dependente da procura externa. Destaca-se que, do final do século XVII ao início do século XIX, a economia nordestina sofreu um "longo processo de atrofiamento" ou de "involução econômica", pois com o definhamento da produção açucareira, não houve um movimento de emigração da população para outras regiões, mas seu deslocamento para o interior, em direção à economia criatória, a qual, naquelas circunstâncias passou ao patamar de economia de subsistência em moldes artesanais (Furtado, 2007).

Com o refluxo da economia açucareira, o Brasil direcionou-se ao ciclo do ouro, na região de Minas Gerais. Esse processo histórico permite compreender o contexto do século XX, no qual a região Nordeste esteve distanciada do processo de industrialização do Brasil, concentrado nas regiões Sul e Sudeste, onde se estabeleceu o posterior ciclo do café. Também demonstra a instalação da grande propriedade rural, ainda predominante naquela região brasileira, desse modo, **a concentração da terra e da renda nas mãos de poucos favorece ao empobrecimento geral da população da região**, resultantes nos indicadores sociais que revelam a desigualdade social.

Evidentemente, o posicionamento do Brasil na economia mundial como agroexportador atendeu aos interesses das grandes potências da época, representadas na aliança Portugal-Inglaterra, que favorecia a última no monopólio comercial com as colônias na oferta exclusiva de produtos manufaturados.

Sem esquecer a ocupação do território brasileiro até a foz do Amazonas e o povoamento do Maranhão, no século XVII, transformado em exportador de cacau, baunilha, canela, cravo, entre outros, bem como em polo rentável da região, produzindo algodão e arroz, importa aqui destacar o ciclo do ouro. Com população vinda do Nordeste e da Colônia, a exploração do ouro abria possibilidades a pessoas de parcos recursos, já que era pautada na extração do metal de aluvião, concentrado no fundo dos rios (Furtado, 2007).

Embora as características da economia do ouro fossem menos concentradoras de riqueza e a população livre maior, também não houve o desenvolvimento de atividades manufatureiras, contribuindo para o atrofiamento do mercado interno e para a continuidade da dependência de importações de produtos manufaturados. Com o declínio da produção do ouro, a região mineira definhou, pois não houve transferência de capitais para outra atividade econômica. Como no Nordeste, a economia local involuiu para atividades agrícolas de subsistência, com precarização das condições de vida e isolamento social. Por outra banda, e economia mineira, no seu período de expansão, contribuiu para o crescimento da economia criatória do Sul, que a abastecia com o meio de transporte, estabelecendo relações de interdependência (Furtado, 2007).

Nesse cenário, a própria independência do Brasil foi amarrada em tratativas com a Inglaterra, que transferiram para o país as relações comerciais de Portugal com aquele país. Além disso, do ponto de vista político, foi uma independência negociada, diferente da maioria dos países da América espanhola, fato que acarretou a manutenção das estruturas de poder vigentes, como a monarquia e a Casa de Bragança. Nesse contexto, a classe dominante do país, constituída pelos grandes exportadores agrícolas, encontrou nas relações com a Inglaterra limites à expansão do Brasil independente, por exemplo, a posição inglesa contrária ao tráfico de escravos. Nessa época, de uma população de cinco milhões de pessoas, havia um milhão de escravos distribuídos nas mais distintas funções, desde trabalhos domésticos, amamentação, lavoura, além daqueles colocados na mendicância.

> O Estado, os funcionários públicos, as ordens religiosas, os padres, todos eram proprietários de escravos. Era tão grande a força da escravidão que os próprios libertos, uma vez livres, adquiriam escravos. A escravidão penetrava em todas as classes, em todos os lugares, em todos os desvãos da sociedade: a sociedade colonial era escravista de alto a baixo (Carvalho, 2004, p. 20).

Dos quatro milhões de indígenas que se calcula existissem no período da descoberta do Brasil, restava menos de um milhão em 1823. A escravização dos indígenas foi praticada no início da colonização, mas logo em seguida sofreu a oposição dos jesuítas, sendo também proibida legalmente (Carvalho, 2004).

Até aquele momento da história brasileira, não havia políticas públicas ou mesmo um poder que pudesse ser chamado de público, já que as funções públicas eram exercidas pelos capitães-mores, que representavam os grandes proprietários, bem como pela Igreja Católica. O trabalhador, na época, recorria à proteção do proprietário, dono das terras (Carvalho, 2004).

> A igreja católica apostólica romana, sob a inspeção das metrópoles espanhola e portuguesa, em meio à atuação em diversas funções religiosas como, por exemplo, a catequese, a liturgia e o oferecimento dos sacramentos, igualmente geria e financiava (por meio de dízimos e taxas) escolas, hospitais, cemitérios, serviços notariais etc. Buscava desse modo, simultaneamente, a fé em Deus e a fidelidade aos Estados colonizadores (Vieira, 2007, p. 67).

A educação, por exemplo, inicialmente delegada aos jesuítas, foi assumida pelo governo, após a expulsão destes em 1759. Entrementes, em 1872, apenas a parcela de 16% da população era alfabetizada. As escolas superiores somente foram admitidas depois da chegada da Corte em 1808. No tangente aos direitos políticos, a Constituição de 1824 estendeu o direito ao voto à população adulta masculina maior de 25 anos, com certa renda, estando as mulheres e os escravos apartados desse direito. Tal processo estava permeado pelo poder econômico e pela dificuldade de exercício crítico do direito, já que a maior parte da população era analfabeta. **Assim, ao final do período colonial, não se tinha direitos civis e políticos, nem tampouco o sentido de nacionalidade** (Carvalho, 2004).

Nesse mesmo período histórico, a Revolução Industrial havia ocorrido nas economias centrais, enquanto o Brasil se mantinha em processo de estagnação, com declínio das exportações de seus produtos agrícolas, como o açúcar e o algodão. Não se tinha base tecnológica que permitisse instalar uma indústria nacional ou, ainda, capitais para investimento. É nessa conjuntura que o café se apresenta como alternativa no final do século XVIII (Furtado, 2007).

Em sua primeira fase, a economia cafeeira, de baixa capitalização, fez uso da abundante mão de obra ociosa, desde a desagregação da economia mineira e do uso da mula para transporte. Desse modo, explorou o uso intensivo do fator trabalho, terra e de equipamentos simples. Nessa toada, a **economia cafeeira permitiu a formação de um grupo empresarial na região**, no qual a atividade produtiva e comercial esteve articulada, diferentemente do que ocorreu com os produtores de açúcar. Tais grupos perceberam, também, **a necessidade de representação de seus interesses na esfera política** (Furtado, 2007).

A economia cafeeira, inicialmente, se utilizava da mão de obra escrava, que, na metade do século XIX, deveria estar em torno de dois milhões de indivíduos, a qual era mantida em precárias condições de vida.

> Tenho de recordar que o dia de trabalho era de quinze a dezoito horas, a alimentação, parca e desequilibrada, as condições de habitação e higiene, infra-humanas, e que, de outra parte, na composição do estoque havia uma notável preponderância de homens (Mello, 1998, p. 63).

Observe-se que a população escravizada não assistiu passivamente a sua subjugação, mas empreendeu diversas lutas, entre elas a organização dos quilombos. Com a eliminação do tráfico de escravos, a escassez de mão de obra passou a constituir-se em um problema a ser resolvido. A imigração europeia, que teve diversos formatos, desde relações de semiescravidão até assalariadas e subsidiadas pelo governo brasileiro, foi a alternativa. No último período do século XIX, ingressaram no Brasil 803 mil imigrantes, destes 577 mil eram italianos (Furtado, 2007).

A economia cafeeira favorecia a concentração de renda nas classes proprietárias das terras. A abolição da escravatura, ao final do século XIX, não alterou a distribuição da renda no país, pois não veio acompanhada de políticas que provessem à população negra condições adequadas de vida, com acesso à terra e à educação (Furtado, 2007; Carvalho, 2004). Ainda, nesse mesmo período histórico, houve o ciclo da borracha na Amazônia, com trabalhadores nordestinos, em geral, que iniciavam o labor endividados, pois necessitavam comprar alimentos e equipamentos do mesmo empresário que explorava o seu trabalho, em locais insalubres e isolados. Quando o ciclo entrou em decadência, a economia local regrediu para patamares primitivos de subsistência (Furtado, 2007).

A República Velha (1889-1930) foi permeada por mudanças em aspectos culturais e políticos, acompanhando, de certo modo, as profundas transformações que alteravam o modo de vida da população na Europa. No país ocorreram movimentos modernizantes, especialmente nas grandes cidades, como Rio de Janeiro e São Paulo, produzindo reformas na área urbanística, com limpeza e planificação de ruas e saneamento das cidades. A maneira autoritária com que tais mudanças foram conduzidas gerou reações da população excluída do projeto civilizatório, como a Revolta da Vacina em 1904 (Costa; Schwarcz, 2000).

No espectro político, tem-se no período a denominada **política "café com leite"**, caracterizada pela hegemonia e alternância dos Estados de Minas Gerais e São Paulo no poder. Embora essa tendência, o Rio de Janeiro também tinha importância como centro político do país, tendo em vista a presença do poder federal.

A breve retrospectiva desse período demonstra as raízes da concentração de renda no Brasil, além do uso da escravidão de população de origem africana e o paulatino extermínio da população indígena. Além disso, sinaliza o lugar do Brasil na economia mundial, como um país periférico que não participou dos avanços tecnológicos oriundos da revolução industrial. Associado a este processo econômico e político, tem-se um baixo investimento do Estado em políticas públicas. **As ações voltadas à proteção de alguns segmentos da população estiveram concentradas, especialmente, nas mãos da Igreja Católica.**

A crise mundial do padrão-ouro, no início do século XX, teve reflexos na economia brasileira, apresentada na forma de queda das exportações, o que se deu de forma mais lenta nos preços dos produtos importados (manufaturas), gerando desequilíbrios na balança comercial. Justamente tais tensões propiciaram os elementos para a superação das características coloniais da economia brasileira, ou seja, do modelo agrário-exportador, concentrador de renda nos proprietários de terras e comerciantes, de ausência de mercado consumidor interno e de uma maioria da população em precárias condições de vida.

No embalo da grande depressão mundial, a partir da década de 1930, dá-se o desencadeamento do processo de industrialização, de substituição das importações pela produção local, de migração das populações rurais para o perímetro urbano. Do ponto de vista político, **Getúlio Vargas** assume o poder ao longo de quinze anos, entre períodos de eleições e de ditadura. **As características do Estado brasileiro migram para um modelo interventor, no aspecto econômico e também nas políticas públicas sociais.** Em termos econômicos estão dadas as condições para a superação do modelo agrário-exportador pelo urbano-industrial (Oliveira, 2003).

A partir da década de 1930, com a grande crise mundial, dá-se a instalação das primeiras indústrias, cujo capital provinha do setor cafeeiro e de alguns imigrantes de maiores posses, com operariado essencialmente composto por imigrantes, muitos com experiência fabril. Os brasileiros pobres e os ex-escravos buscavam nas cidades meios de sobrevivência, como carregadores, carroceiros, vendedores, lavadores de roupa, entre outros (Costa; Schwarcz, 2000).

No campo dos direitos sociais, têm destaque os trabalhistas, especialmente com a elaboração da Consolidação das Leis Trabalhistas (1943), ceifada em 2017 com a reforma promovida pelo Governo de Michel Temer. É deste cenário a criação do salário mínimo (1940), o qual, para Oliveira (2003), se pautou apenas nas necessidades de subsistência do trabalhador, favorecendo a acumulação capitalista. Ainda, definiu-se a jornada de trabalho de oito horas no comércio e na indústria (1932); regulamentou-se o trabalho feminino, estabelecendo igual remuneração ao masculino, além de proibi-lo em horário noturno; regulou-se o trabalho de menores de idade; foi criada a carteira de trabalho e as Comissões e Juntas de Conciliação e Arbitragem. Em 1934, foi regulamentado o direito a férias para algumas categorias profissionais. Também no período houve a criação do Ministério do Trabalho, Indústria e Comércio. As legislações e os aparatos públicos do período não podem ser vistos apenas como concessões do governo para criar as condições para a industrialização, mas fazem eco às lutas e mobilizações dos trabalhadores naquela época. A força de trabalho dos imigrantes europeus trouxe consigo a experiência das lutas sindicais dos países originários. Nesse contexto, deu-se também a organização do Partido Comunista do Brasil (1922), além de movimentos de cunho anarquista e dos militares, como a Coluna Prestes (1924-1927) (Carvalho, 2004).

O período foi, também, farto de movimentos na seara da cultura, da educação e da saúde com questionamentos às raízes da desigualdade na sociedade brasileira e sua dependência com relação aos países centrais. No plano cultural, houve a Semana da Arte Moderna (1922); na educação foram debatidas reformas em torno do ensino técnico, mas também em defesa do direito à educação; na saúde, o movimento sanitarista, do qual Oswaldo Cruz é referência, teve destaque (Carvalho, 2004). Nesses ventos de mobilização e efervescência,

> [...] a criação do Ministério da Educação e da Saúde Pública visava dar resposta a novas demandas sociais que vinham ancoradas em um projeto de construção nacional e de reafirmação da responsabilidade do Estado em relação às condições de vida da população (Cardoso Júnior; Jaccoud, 2005, p. 191).

Vale situar, nesse contexto, algumas nuances das políticas públicas, do período Vargas até a ditadura militar: a educação, por exemplo, foi marcada pela dualidade ancorada na visão tecnicista associada ao trabalho e na ênfase na formação geral; a saúde, por seu turno, esteve centrada nas políticas preventivas e de combate às endemias, com o acesso ao tratamento médico-hospitalar restrito ao trabalhador formal, a partir da cobertura previdenciária (Cardoso Júnior; Jaccoud, 2005).

Na seara econômica, conforme Mello (1998), houve duas fases no processo de substituição de importações: a de industrialização extensiva, voltada para a produção de bens de consumo, alguns produtos intermediários e bens de capital que exigissem baixa densidade de capital, com uso abundante de mão de obra e expansão horizontal do mercado; a de industrialização intensiva, voltada para a produção de bens pesados e duráveis de consumo de valor elevado, com utilização de tecnologias e capital intensivistas, vindo a diminuir o emprego industrial, expandindo-se o mercado verticalmente, o que favorecia a concentração de renda.

Para Oliveira (2003), a transição do modelo agrário-exportador para o urbano-industrial uniu características do novo e do velho. A agricultura arcaica foi combinada com a mecanizada, sendo que a primeira colaborou com o rebaixamento nos custos da produção e, por conseguinte, nos custos da reprodução da força de trabalho; permitiu a formação de um proletariado rural que servia ao comércio interno e externo; forneceu contingentes para o exército industrial de reserva no meio urbano; favoreceu o rebaixamento do custo da força de trabalho urbana. Desse modo, a estrutura agrária se manteve, sem a reforma agrária e com marcados níveis de concentração de renda.

O desenho social e político, nas três décadas seguintes a 1930, caracterizou-se pela forte concentração de renda, haja vista a baixa remuneração da força de trabalho. Além disso, houve uma mudança nas classes hegemônicas, sendo as classes proprietárias rurais substituídas pelas burguesas industriais. Em resposta à questão social, traduzida na pobreza da população e nos movimentos sociais da época, as iniciativas estatais foram alinhadas com o modelo bismarkiano ou meritocrático-contributivo, com base no trabalho assalariado pretérito (Cardoso Júnior; Jaccoud, 2005).

Uma das respostas estatais ocorreu no **campo da Seguridade Social**, em 1933, no qual a política previdenciária, contributiva, para os segmentos de trabalhadores urbanos, da indústria, do comércio, dos bancos, entre outros, deslocou-se das Caixas (por empresas) para os Institutos. Expressiva parcela dos trabalhadores não estava contemplada por esse sistema, como os domésticos, autônomos e rurais, grande parte da população no período. Desse modo, **o sistema estava voltado para os segmentos dos trabalhadores sindicalizados, na estrutura controlada pelo governo e sob a égide da visão positivista da cooperação entre as classes** (Carvalho, 2004).

Uma das características centrais daquele período é que a ação governamental vai assumir o objetivo de conciliar uma política de acumulação que não exacerbasse as iniquidades sociais com uma política voltada para a equidade, que, longe de comprometer, até vai ajudar a acumulação (Castro, 2009, p. 90).

Para as populações que não contavam com a proteção do trabalho formal e, portanto, as mais sujeitas aos efeitos deletérios da desigualdade, foram criadas as **primeiras políticas assistenciais, por meio da Legião Brasileira de Assistência, em 1942, do Conselho Nacional de Serviço Social e da Fundação Nacional do Bem-Estar do Menor (Funabem)**. A gestão Vargas é considerada a "era dos direitos", porém, deve-se considerar a ambiguidade desse processo, conforme explicita Carvalho (2004, p.124):

> Para os beneficiados, e para o avanço da cidadania, o que significou toda essa legislação: o significado foi ambíguo. O governo inverterá a ordem do surgimento dos direitos descrita por Marshall, introduzirá o direito social antes da expansão dos direitos políticos. Os trabalhadores foram incorporados à sociedade por virtude das leis sociais e não de sua ação sindical e política independente. Não por acaso, as leis de 1939 e 1943 proibiam as greves.

No plano mundial, o período entre as duas guerras mundiais caracterizou-se pela **transição da hegemonia econômica mundial da Inglaterra para os Estados Unidos**. Nessa conjuntura, tem-se, ainda, a produção de movimentos políticos de matizes muito distintos, como o fascismo, o socialismo e a social-democracia europeia. Estes exerceram influência no Brasil, havendo alinhamento do governo Vargas com a luta anticomunista e com as ideias fascistas, com forte conotação nacionalista. Nesse passo, o processo de industrialização ocorreu sob a hegemonia norte-americana no campo da tecnologia (no período havia grande reserva de trabalho morto, na forma de tecnologias dos países centrais, importadas pelos Brasil), com dependência dos capitais externos (Sader, 2000).

A seguir, **o período Kubitschek reforçou a acumulação capitalista, tornando o setor industrial estratégico para o país,** com a proposta de avançar "cinquenta anos em cinco". Foram implantados os ramos automobilístico, naval, mecânico, cimento, celulose e acrescida a capacidade siderúrgica. Junto a isso, o Estado passou a atuar na organização da infraestrutura, envolvendo a construção de rodovias, energia elétrica, armazéns, silos e portos (Oliveira, 2003).

Oliveira (2003), ao analisar as condições em que ocorreu a expansão da intervenção do Estado, considera-as adversas, em razão dos déficits crescentes, atribuídos à primitiva estrutura fiscal existente. Nesse contexto, o Brasil recorreu ao endividamento privado, de curto prazo, pois os países centrais encontravam-se voltados para uma estratégia policentrista, traduzida no mercado comum europeu, não havendo disponibilização de financiamento país a país. De certa forma, as classes dominantes no Brasil, ao optarem por investir na industrialização, contrariaram os interesses dos Estados Unidos. Assim, "foi nas brechas do policentrismo, com a reemergência dos países do Mercado Comum Europeu e a do Japão, que a estratégia nacional encontrou viabilidade" (Oliveira, 2003, p. 76).

O processo de industrialização analisado no percurso de mais de duas décadas implicou aprofundamento da concentração de renda no país, dado o baixo custo da força de trabalho, expresso no salário mínimo, que se voltava apenas para a subsistência do trabalhador. Isto, associado à produtividade advinda da utilização de tecnologias (trabalho morto), permitiu, ainda, o aumento da acumulação (Oliveira, 2003).

A fase posterior configura-se em um **regime ditatorial militar, que vai de 1964 até início da década de 1980, o qual limitou, sobretudo, o exercício dos direitos civis e políticos.** Em termos econômicos, esse período é demarcado por rápido crescimento econômico, abertura ao capital estrangeiro, havendo, em contrapartida, um aprofundamento das desigualdades sociais. No período, o salário mínimo "regrediu em seu valor real, o que o impossibilitou de satisfazer o conjunto de necessidades básicas do trabalhador e sua família, conforme estabelece a legislação geral do mínimo nacional" (Pochmann, 2005, p. 138).

Do ponto de vista da industrialização brasileira, desencadeada a partir de 1930, é preciso dizer que se configurou como um processo tardio, basta que se veja a história mundial e da Inglaterra — berço do capitalismo, onde esse processo teve início com a Revolução Industrial, por volta de 1760. Assim, o Brasil se insere de modo subjugado a um contexto internacional, no qual os países centrais estavam em outro âmbito de desenvolvimento econômico e social.

> [...] não basta, no entanto, admitir que a industrialização latino-americana é capitalista. É necessário, também, convir que a industrialização capitalista na América Latina é **específica** e que sua especificidade está duplamente determinada: **por seu ponto de partida,** as economias exportadoras nacionais, **e por seu momento,** o momento em que o capitalismo monopolista se torna dominante em escala mundial, isto é, em que a economia mundial capitalista já está constituída. É a esta industrialização capitalista que chamamos retardatária (Mello, 1998, p. 104).

Contraditoriamente, Carvalho (2004) demonstra, ao estudar os direitos no Brasil, que os períodos ditatoriais foram prodigiosos quanto à ampliação dos direitos sociais. Especificamente sobre a ditadura militar, realizou a unificação da previdência social, mediante a criação do Instituto Nacional de Previdência Social (INPS) em 1966 e, em 1971, criou o Fundo de Assistência Rural (Funrural), administrado pelos sindicatos rurais, enquanto restringia os direitos civis por meio da repressão. Na sequência, os domésticos e autônomos foram incluídos na Previdência. Ainda nesse período, a estabilidade no emprego foi extinta, mas, em contrapartida, foi criado o Fundo de Garantia do Tempo de Serviço (FGTS), além do Banco Nacional de Habitação (BNH), este com o objetivo de facilitar a compra da casa própria pelo trabalhador. A ampliação de direitos sociais ocorreu em um contexto de crescimento da população urbana, visto que, em 1960, ela era de 44,7%, passando para 67,6% em 1980, acarretando consequentemente um conjunto de problemas, dada a precária estrutura urbana das grandes cidades brasileiras.

A marca do período que se estende de 1930 a 1980, em termos de direitos sociais, é o amparo ao trabalhador assalariado e formal. Aos demais, periféricos a essa estrutura, pois desempregados, trabalhadores informais ou incapacitados para o trabalho, eram ofertadas ações pontuais, calcadas na meritocracia, planejadas e executadas pelo ente federado.

A década de 1980 não pode ser entendida sem uma breve digressão histórica, no âmbito nacional e internacional, que permita pinçar alguns eventos-chave que marcaram o século XX. É notório que a partir da década de 1920, devido a episódios que sacudiram o capitalismo mundial, bem como à emergência do risco da esquerda, mais precisamente, do comunismo, e da extrema-direita que rondava a Europa, ocorreram movimentos dos governos na direção de políticas sociais que preponderassem sobre as econômicas. Nesse contexto, algumas categorias desenvolvidas pelo economista John Maynard Keynes (1883-1946) foram observadas, como: "pleno emprego" e a instalação de modernos sistemas previdenciários (Hobsbawm, 1995). Nessa perspectiva, o Estado passou a ser visto como um articulador, coordenador, financiador e programador de grandes linhas macroeconômicas da atividade produtiva, bem como um promotor do bem-estar social (Reis, 1998). Essas concepções são associadas à experiência dos estados de bem-estar na Europa, os quais se desenvolveram especialmente no período após a Segunda Guerra Mundial. Note-se que, enquanto a Europa movia-se em direção a modelos de Estado que dialogavam com alguns dos interesses da classe trabalhadora, o Brasil vivia em um regime ditatorial alinhado com os Estados Unidos da América.

Nesse processo, na década de 1970, ocorreu uma nova crise no padrão de acumulação capitalista no plano mundial, demarcada por estagnação da economia, elevados índices inflacionários, assim como por mudanças importantes na geopolítica mundial. O paradigma do *Welfare State* passou a ser apontado como o desencadeador da crise. Os governos de Ronald Reagan e de Margaret Thatcher tiveram papel de destaque nesse movimento, por meio de políticas de liberalização e desregulação dos mercados financeiros, calcadas nos fundamentos liberais dos mercados autorregulados. Ainda, no mesmo cenário, tem-se a "crise da dívida" dos países em desenvolvimento, a Queda do Muro de Berlim e a abertura soviética, com as reformas políticas e sociais do Governo de Mikhail Gorbatchev denominadas *Perestroika* e *Glasnost*.

Esse momento histórico é marcado pelo "Consenso de Washington", que propunha uma agenda de reformas para países em desenvolvimento, com as seguintes bases: déficits orçamentários pequenos; gastos públicos redirecionados (redefinição do papel do Estado); reforma tributária; liberalização financeira; taxa de câmbio unificada como meio de induzir crescimento das exportações; substituição das restrições comerciais; abolição de barreiras ao capital estrangeiro; privatização de empresas do Estado; eliminação das reservas de mercado; garantia de direito de propriedade (conhecimento, patentes) (Williansom, 2004).

A partir da década de 1980, igualmente, ocorrem profundas alterações no mundo do trabalho, calcadas no uso intensivo de tecnologias, de modo que o modelo Toyotista passou a substituir o modelo Fordista. Além de tecnologias no campo da eletrônica, esse processo vem acompanhado da perspectiva de flexibilização das relações de trabalho, pelo trabalho precarizado, pela descentralização do processo produtivo, inclusive geograficamente, tendo como consequência o desemprego e a eliminação de postos de trabalho.

O Brasil, embora não tenha experimentado um Estado protecionista nos moldes Keynesianos, foi igualmente afetado por esse movimento em escala global. Conforme já explorado, desde sua colonização, o país esteve articulado e dependente da economia e da política mundial. Desse modo, em especial nas décadas de 1980 e 1990, a orientação predominante previa privatizações e enxugamento da máquina administrativa, ao lado de ajustes macroeconômicos.

[...] a insegurança se manifesta em algumas formas: *insegurança no mercado de trabalho,* com a não-prioridade ao pleno emprego como objetivo de governo, a destruição de empresas em plena expansão econômica, sobretudo no setor industrial, e a ampliação da desigualdade entre os desempregados em função da redução dos benefícios sociais; *insegurança no emprego,* que implica a redução da estabilidade e subcontratação (formas atípicas ou contingenciais de emprego, diga-se, precárias); *insegurança na renda,* por meio da flexibilização dos salários, da diluição da relação entre salário e produtividade, da queda nos gastos sociais e fiscais das empresas, da deterioração da distribuição de renda, e, por fim, do crescimento da pobreza; *insegurança na contratação do trabalho* pela expansão do dualismo no mercado de trabalho e pelo risco da explosão jurídica do contrato coletivo do trabalho; e, por fim, *insegurança na representação do trabalho,* com a redução dos níveis de sindicalização (Behring, 2003, p. 40).

Contraditoriamente, enquanto no mundo se acentuava a crítica ao Estado Social como o desencadeador da crise mundial, no Brasil, no período de abertura política, adentravam na arena pública novos sujeitos de direito em disputa por visibilidade, espaço e pelo fundo público em prol da sua agenda.

Na contracorrente da conjuntura mundial e nacional, o Brasil, em paralelo à abertura política, elegeu um congresso específico com a tarefa de elaborar a nova Constituição brasileira, sancionada em 1988. Esta, em razão dos avanços, em especial nos direitos humanos, foi considerada a "Constituição Cidadã". Esse título se relaciona, em particular, com a **ampliação dos direitos sociais,** porque: fixou o salário mínimo como limite inferior para as aposentadorias e pensões; instituiu o benefício de prestação continuada (BPC) para pessoas com deficiência e idosos com mais de 65 anos; introduziu a licença-paternidade; instituiu a Educação e a Seguridade Social como direitos, sendo compreendidas na Seguridade as políticas de Saúde, Previdência e Assistência Social; definiu, por meio da Emenda Constitucional n. 26, a moradia como direito social.

Ainda, Castro (2009) sistematiza um conjunto de mudanças introduzidas pela Carta no tangente ao financiamento da política e ao arranjo federativo, este com redefinição de funções e poderes entre as unidades federadas. A Constituição redistribuiu competências tributárias, beneficiando estados e municípios, bem como manteve percentuais das receitas de impostos vinculados à área da educação[3]. Por outro lado, restaram pontos polêmicos para serem definidos em legislação ordinária.

Do ponto de vista político, desde a abertura do regime militar em 1985, tem-se presidentes civis no Brasil. No período entre os governos de José Sarney e Collor de Mello, houve sucessivos planos econômicos que visavam conter a inflação, crescente desde o período militar, quais sejam: Plano Cruzado (Sarney); Plano Brasil Novo (Collor) – heterodoxo, bloqueou 66% dos ativos financeiros disponíveis (poupança), o que teve como efeito maior equilíbrio das finanças públicas, aumento das reservas do país, a abertura comercial e aumento do desemprego e recessão (restrição do crédito e da política salarial); Plano Collor II — caracterizado pela ortodoxia liberal, cortes nos gastos públicos, novo "tarifaço", reforma financeira, programa de privatizações, redução de tarifas aduaneiras, abertura ao capital externo (Carvalho, 2004).

No vácuo da tramitação de legislações complementares, no período Collor, houve claro movimento de obstrução dos avanços previstos na Constituição Federal de 1988, como: descumprimento das regras estabelecidas na Constituição; veto aos projetos de lei aprovados no Congresso ou descaracterização das propostas com vetos parciais; descumprimento dos prazos para apresentação dos projetos de leis complementares de responsabilidade do Executivo (Castro, 2009).

No governo Itamar Franco, foi criado o Plano Real, pelo então ministro da Fazenda, Fernando Henrique Cardoso (FHC). O Plano Real tinha sustentação no Consenso de Washington, tendo como escopo a renegociação de dívidas velhas para novos investimentos, em troca da desregulamentação dos mercados (livre fluxo de capitais). Seu eixo era o combate à inflação mediante plano de estabilização, mesmo à custa da recessão; diminuição da regulação do Estado sobre os preços da economia e da relação capital-trabalho; privatização das estatais e redução do setor público; realização da Reforma do Estado (Plano Diretor da Reforma do Estado de 1995) e da Reforma administrativa

---

3. A Saúde passou a contar com percentual definido por meio de Emenda Constitucional em 2000.

– demissão de funcionários públicos por meio de Plano de Demissões Voluntárias, venda de mansões; liberalização do comércio exterior (liberalização das importações, para buscar preços competitivos), trazendo como consequências o desmantelamento da economia nacional e o desemprego.

O Governo Itamar iniciou a implementação de diversas legislações infraconstitucionais, como as leis orgânicas da Previdência, da Assistência Social, da Função Social da Propriedade Fundiária, além dos compromissos com relação à educação básica. No período houve, ainda, a extensão da cobertura da previdência rural, que passou de 2,4 para 6,5 milhões de benefícios em 1994 (Castro, 2009).

De 1995 a 2002, tem-se o período Fernando Henrique Cardoso (FHC), com a implementação do Real e a consequente administração de sua crise. No período, há relevante mudança no câmbio, que passou a ser flutuante, com agravamento do déficit das contas públicas, juros altos (entre 25% e 40%) e aprovação da Lei de Responsabilidade Fiscal. O Plano em curso tem entre seus efeitos: concentração de renda, com desproporção entre capital especulativo e produtivo; a crise fiscal recai sobre o Estado; redução de gastos públicos; investimentos na indústria com renúncia fiscal do Estado; queda no investimento; taxas de desemprego em torno de 20% e modernização da indústria nacional, tendo como efeito o desemprego estrutural (Carvalho, 2004).

Para Lopreato (2015), **a centralidade do período FHC foi o ajuste fiscal**, que encontrou terreno fértil, haja vista a pauperização dos governos municipais e estaduais. Além disso, este reduziu a ação do Estado e modificou o jogo federativo. Isto tudo na perspectiva da valorização do capital financista global e de que este estimularia a credibilidade de agentes externos. Ainda, era basilar a ideia de transferência das responsabilidades federais para outros entes, inclusive privados, com vistas à redução do déficit público. O controle inflacionário permitiu alçar apoio político e social para medidas de difícil aceitação.

Do ponto de vista das políticas públicas, a esfera federal transferiu a estados e municípios o desenvolvimento das políticas públicas

vinculadas ao uso do espaço urbano, assim como saúde e assistência social. Ao mesmo tempo, limitou as possibilidades de socorro federal aos demais entes federados e impôs regras à administração de suas contas. Desse modo, "os entes subnacionais teriam que pagar os encargos da dívida pública, conter os gastos no limite do orçamento fiscal e respeitar as regras de endividamento" (Lopreato, 2015, p. 13). Por outra banda, os bancos federais não foram privatizados, bem como preservados os fundos públicos, como Fundo de Garantia do Tempo de Serviço (FGTS), entre outros.

A partir do acordo com o FMI, em 1998, as regras foram endurecidas. Para fins de avaliação de políticas públicas, a Lei de Responsabilidade Fiscal desse período é essencial, pois definiu limites máximos das despesas com pessoal, de modo que as despesas tenham lastro nas peças orçamentárias. **Em síntese, o período ampliou o poder deliberativo da União e o condicionamento de estados e municípios às regras ditadas nessa esfera. Aliado a isso, a falta de dinamismo econômico limitou investimentos e a retomada destes, inclusive, em políticas públicas.**

Considerando esse quadro restritivo economicamente, dado o ajuste fiscal e o refreamento dos gastos sociais, o sistema de proteção social não foi ampliado, bem como ocorreram prejuízos à reforma agrária, aos investimentos em saneamento básico, na rede hospitalar, nas universidades. Por outro lado, devido às salvaguardas jurídicas, o Regime Geral da Previdência, o Sistema Único de Saúde (SUS), o Seguro-Desemprego, o Ensino Fundamental e o Benefício de Prestação Continuada da LOAS tiveram certa proteção. Conforme Castro (2009, p. 102), esses programas

> [...] contaram com recursos vinculados de impostos e das contribuições sociais e tiveram no princípio do salário mínimo como piso dos benefícios uma barreira protetora contra a tesoura dos cortes de gastos, para gerar o superávit fiscal acertado com o FMI.

O período de 1980 a 2003 foi pródigo na concentração de renda, o que é observável em alguns indicadores sobre salário e renda. A parcela salarial foi drasticamente reduzida, passando a composição da renda nacional de 50% para 35%, o que está associado, também, ao rendimento do salário mínimo, visto que seu poder aquisitivo teve queda de 55%, e note-se que um terço dos trabalhadores percebia o salário mínimo. Por outro lado, os rendimentos do capital (lucros, juros, aluguéis, renda da terra) dobraram em termos reais, aumentando sua participação relativa na renda nacional em 28,6%. As desigualdades não se esgotam nessa análise, mas abarcam também o fator trabalho, visto que em 1979 a diferença entre o maior e o menor rendimento era de 103,3 vezes, e, em 2003, era de 127 vezes (Pochmann, 2005).

O desemprego e a precarização do trabalho foram marcas do período, pois de 1989 a 1996 foram eliminados 35% dos postos de trabalho existentes na indústria, ou seja, 1,5 milhão de empregos. Os postos de trabalho, criados no comércio e serviços desde então, acolheram trabalhadores mais jovens, com escolaridade mais elevada e com salários inferiores àqueles pagos pela indústria. Nesse quadro, expandiram-se os mecanismos informais de organização do mercado de trabalho, como a terceirização das atividades, que permite a contratação por salários inferiores e em condições de desproteção, quer por meio de empresas intermediárias ou cooperativas. Há, também, aqueles que nem sequer estão inseridos nessas formas, com os camelôs e vendedores autônomos, bem como parte menor da população que vem se utilizando do crime como meio de sobrevivência (Stotz, 2005). A juventude, por sua vez, é fortemente afetada por essa conjuntura, em especial os jovens que vivem em situação de pobreza.

> É necessário destacar que, embora os níveis de emprego formal tenham diminuído e postos de trabalho tenham sido eliminados pelas novas tecnologias poupadoras de mão de obra, o trabalho protegido, ou seja, aquele que garante ao trabalhador um conjunto de direitos, como férias, décimo terceiro, licença-maternidade, fundo de garantia, entre outros, continua a figurar no imaginário social como almejado. Ao habitar os sonhos e desejos da população, em especial aqueles mais jovens, a impossibilidade ou barreiras postas à sua obtenção repercute na subjetividade dos sujeitos envolvidos, ao mesmo tempo em que os torna vulneráveis (Tejadas, 2012, p. 102).

Na esteira da história, no período de 2003 a 2010, o Executivo Federal foi comandado por Luiz Inácio Lula da Silva, ex-sindicalista, metalúrgico e nordestino, primeiro presidente de raízes assentadas nos movimentos populares. No âmbito econômico, manteve as bases da política do antecessor, com foco na contenção da inflação; mas não renovou os acordos com o Fundo Monetário Internacional, nem tampouco, deu prosseguimento às privatizações. Embora mantidos os ajustes macroeconômicos, ocorreram maiores investimentos em políticas públicas, o que repercutiu em acesso a níveis mínimos de renda para populações alijadas do mercado de trabalho, pois houve inclinação da atuação do Estado para o desenvolvimento social.

O primeiro período do Governo Lula esteve sob a batuta econômica de Antonio Palocci, por três anos, que manteve as linhas gerais do ajuste econômico, na perspectiva da retomada da confiança dos agentes econômicos, para fins de expansão dos investimentos. Tal visão teórica acerca da atuação do Estado atribui pouca margem de influência deste na expansão econômica. A queda de Palocci, em 2006, colocou em relevo outra corrente acerca do papel do Estado na economia, predominantemente de cunho desenvolvimentista, de base keynesiana, conduzida por Guido Mantega. Tal política teve como escopo: maior presença dos bancos públicos no financiamento; expansão da atuação das empresas públicas; presença estatal na articulação e no financiamento de projetos privados; a definição da política industrial; política de defesa do salário mínimo e ampliação das políticas sociais (Lopreato, 2015). Esse movimento na condução do papel do Estado questionou o paradigma liberal, o que também ativou o debate ideológico sobre o tema. Muito embora marcado por continuidades, as descontinuidades do período chamaram a atenção.

Em que pese o objetivo deste texto inicial seja apenas o de situar as correlações entre os projetos políticos em disputa e as políticas sociais, é preciso situar alguns programas governamentais do período que tiveram forte impacto no viés desenvolvimentista. O Plano de Aceleração do Crescimento (PAC), por exemplo, recuperou a ideia de planejamento abandonada há muito, assim como desenhou política para o setor industrial. O Banco

Nacional de Desenvolvimento Social (BNDES), também, teve política ativa no período, com financiamento a grupos econômicos interessados em investir em infraestrutura; fusões e incorporações para fins de aumento da competitividade da indústria nacional; apoio à competitividade da indústria nacional no exterior. Do mesmo modo, manejou o orçamento público de maneira a retirar certas amarras, a fim de proteger alguns setores da economia afetados pela crise internacional e favorecer investimentos em políticas sociais como o Programa Minha Casa, Minha Vida. Favoreceu a compra pelas empresas públicas, como Petrobras e Eletrobras, de produtos nacionais. Aliás, a Petrobras teve importância estratégica no projeto de retomada do crescimento, especialmente, com a exploração do pré-sal, que assegurou maior parcela do óleo à União, além de 30% em todos os blocos (Lopreato, 2015).

Castro (2009), na análise que desenvolve sobre as políticas e os gastos públicos no governo Lula, refere que, no início de seu governo, houve um conjunto de medidas político-administrativas que podem ser agrupadas do seguinte modo: 1) estruturação de novas políticas alicerçadas em novas instituições, como a política de segurança alimentar e nutricional, coordenada pelo Ministério Extraordinário da Segurança Alimentar; a política de promoção da igualdade racial, coordenada pela Secretaria Especial de Políticas de Promoção da Igualdade Racial; a promoção da igualdade de gênero, por meio da Secretaria Especial de Política para as Mulheres, e a política de desenvolvimento urbano, que visava acesso à moradia digna, à terra urbanizada, à água potável, ao ambiente saudável, à mobilidade sustentável, vinculadas ao Ministério das Cidades; 2) racionalização de recursos públicos, sendo citado o exemplo da unificação dos programas de transferência de renda; 3) multiplicação dos fóruns democráticos e deliberativos (conferências, Conselho de Desenvolvimento Econômico e Social, Fórum Nacional do Trabalho, Fóruns estaduais para debater o Plano Plurianual 2004/2007); 4) reformas estruturais, como a previdenciária e tributária (oriundas da agenda anterior).

Na sequência, Lula constituiu as condições para sua sucessão, e o Governo Dilma Rousseff estendeu-se de 2011 a 2016, momento em que sofreu um golpe, assumindo o poder Michel Temer, seu vice. Em termos econômicos, o governo Dilma teve como mote a continuidade da estratégia de crescimento, com financiamento a entes privados em obras de infraestrutura, por meio de parcerias público-privadas. Renegociou a dívida com 21 unidades da federação, em programa de reestruturação e ajuste fiscal, bem como atuou para o fortalecimento da indústria nacional, com o Programa Brasil Maior, que favoreceu descontos no Imposto sobre Produtos Industrializados (IPI) de produtos de largo consumo popular. A ênfase na infraestrutura foi essencial nesse período, inclusive com proposta de melhoria e aumento da malha ferroviária para expansão da produção, bem como na tentativa de controle sobre o valor da energia elétrica. São variadas as medidas com vistas ao fortalecimento da indústria nacional, em diversos ramos da economia, mas, sem dúvida, com o foco na infraestrutura e naquelas fornecedoras para grandes políticas sociais, como no caso da saúde. Todavia, a aceitação dos setores industriais a essa política foi frágil, abrindo campo para disputas de interesses em torno do marco regulatório e dos níveis de rentabilidade setoriais (Lopreato, 2015).

Observa-se que, do ponto de vista político, no período Dilma, entre as linhas de descontinuidade com relação a Lula, tem-se a perda de potência do caráter conciliário, especialmente no tangente ao trato da economia. O golpe e a assunção ao poder do MDB, capitaneado por grupos que tradicionalmente se mantêm articulados ao poder central, com o mandato de uma agenda regressiva de direitos e recessiva economicamente, está ainda em avaliação, e diversas dimensões corroboraram para esse desfecho. Algumas delas podem ser enumeradas, em princípio: o apoio à Dilma, na eleição de 2014, do proletariado precarizado estava articulado à manutenção do emprego, quando esse entrou em declínio com os cortes dos gastos federais, esse segmento foi atingido, assim como o proletariado organizado sindicalmente, fortalecido pela onda grevista de 2013; as classes médias sofreram o impacto da elevação do custo do trabalho doméstico, dos serviços, e, do ponto de vista subjetivo, certo incômodo com a ascensão das classes menos favorecidas a serviços antes inalcançáveis; houve o aumento da concorrência por empregos que pagam mais de 1,5 salário mínimo, com o aumento das vagas nas universidades privadas; o ajuste fiscal no início do segundo mandato, traindo a expectativa de manutenção de empregos e de direitos trabalhistas (Braga, 2016). Desse modo, a crise de popularidade, aliada aos interesses das grandes empresas e bancos pela austeridade, contraditoriamente, foram o combustível do golpe que contou com a articulação de parte do Sistema de Justiça representado pela Operação Lava Jato, os partidos à direita e a grande mídia.

Do ponto de vista das políticas públicas, o período Dilma, de um mandato e meio, de 2011 a 2016, caracterizou-se pela continuidade do Governo Lula quanto ao desenho das políticas sociais e sua crescente ampliação. Em contraposição ao encolhimento do Estado de Bem-Estar na Europa, a presidenta lançou o Programa Brasil Sem Miséria. Alguns exemplos dos programas do período: na Habitação, Minha Casa, Minha Vida, Minha Casa Melhor; na área da Educação, o Prouni, o Fies, o Pronatec, manutenção do Reuni; na área da Saúde, o Mais Médicos. O Programa Brasil sem Miséria, lançado em 2011, tinha como objetivo superar a extrema miséria até 2014, com três núcleos, quais sejam: garantia de renda, acesso a serviços como saúde, educação e aqueles em prol da cidadania e inclusão produtiva, para aumento da renda das famílias (Pinho, 2016).

No contexto do Governo Dilma, não é demais situar o aumento do conservadorismo na sociedade brasileira, representado por correntes que descontextualizam a miséria de seus determinantes sociais, propondo, por exemplo, dois estatutos legais que são simbólicos desse movimento: o Estatuto da Família e a redução da maioridade penal. O Estatuto da Família, defendido especialmente por representantes, no Congresso, das bancadas religiosas — evangélicos e católicos —, apresenta visão estreita de família, como a união formada pelo homem, pela mulher e seus descendentes, enquanto textos que orientam e conceituam família nas políticas sociais são muito mais amplos, reconhecendo grupos formados por laços de afetividade e afinidade, não consanguíneos, de uniões homoafetivas, entre outras. Ainda, no mesmo período, avançaram nas comissões do Congresso dois projetos voltados para o tema da maioridade penal, um deles prevendo a redução de 18 para 16 anos (PEC n. 171/1993), e outro preconizando o tempo máximo da medida de internação de três para dez anos (PLS n. 333/2015).

Todo esse caldo de cultura, associado à conjuntura econômica internacional e nacional e ao contexto político também de ambos os cenários, confluiu para o golpe jurídico, midiático, legislativo que, articulado por forças nacionais e internacionais, consumou o *impeachment* da presidenta Dilma. O golpe permitiu a assunção ao poder, sob a batuta de Michel Temer, de programa denominado "Uma Ponte para o Futuro", que vem planteando as condições para a expansão desenfreada do neoliberalismo. **Entre as contrarreformas conduzidas por Michel Temer, em pouco mais de dois anos de governo, tem-se: a reforma trabalhista, a aprovação da lei das terceirizações, a aprovação da EC n. 95/2016, e a reforma da Previdência somente não se efetivou pela proximidade das eleições, o caráter antipopular desta, as denúncias de corrupção que enfraqueceram o Governo Temer e a intervenção federal no Rio de Janeiro (motivo oficial para o recuo).** Destaca-se nesse contexto a EC n. 95/2016, dado seu impacto nas políticas públicas, pois engessa o orçamento público nos patamares atuais, considerando apenas a inflação do período, o que implicará a ausência de investimentos e o definhamento dos patamares atuais das políticas.

De certa forma, o período Temer pavimentou o caminho para o eleito em 2018, Jair Messias Bolsonaro, que no embalo da conjuntura que favoreceu o *impeachment* da presidenta Dilma, elegeu-se, derrotando o adversário Fernando Haddad, com o percentual de votos válidos de 55,13%, contra 44,87%. O projeto que elegeu Bolsonaro é caracterizado pela defesa do Estado Mínimo, pelo entreguismo do patrimônio nacional ao capital estrangeiro e alinhamento com os interesses norte-americanos.

A eleição de um projeto de extrema-direita não é uma realidade isolada do Brasil. Nos últimos anos, houve a assunção ao poder, nos Estados Unidos, de Donald Trump, representante do rentismo americano, bem como, na Europa, venceram as eleições, em diversos países, partidos de extrema-direita. As *fake news* nas redes sociais, fenômeno que permeou o processo eleitoral brasileiro, e o futuro dirá, podem ter influenciado na vitória de Jair Bolsonaro, por exemplo, foram inauguradas nas eleições presidenciais americanas. Desse modo, vislumbra-se uma onda mundial de fortalecimento de projetos à direita e, até mesmo, fascistas.

O novo regime fiscal será a faceta mais cruel do projeto de Bolsonaro, as previsões são catastróficas para as políticas sociais, em especial Saúde e Educação. Calcula-se que os níveis de investimento retornem aos patamares da década de 1990, já que o propósito é reduzir a despesa primária brasileira de 20% para 12% do PIB. A reforma trabalhista, com o cerceamento dos direitos dos trabalhadores, o enfraquecimento dos sindicatos, aliada à lei das terceirizações, veio a atender aos clamores do mercado, com a superexploração do trabalho.

> Michel Temer conseguiu fazer em dois anos e meio o que os militares não fizeram (ou não quiseram fazer) em 21 anos, o que FHC não conseguiu fazer em oito anos. Michel Temer refundou o Estado brasileiro. Temer, o refundador! Somente um governo não eleito e comandado por um político extremamente habilidoso e experiente poderia chegar tão longe, conseguiria fazer tanto e em tão pouco tempo. Isso não é elogio, que fique claro. A PEC 55 (a PEC dos Gastos ou a PEC do Fim do Mundo) é o símbolo dessa refundação. Temer terminou o que FHC começou. A PEC 55 é a complementação da Lei de Responsabilidade Fiscal. Agora, o Estado está subordinado ao mercado por 20 anos. Não é mais o interesse público que condiciona o investimento do Estado, mas, sim, os limites dados pelo crescimento do mercado. O projeto privatista, finalmente, venceu (Oliveira, 2018, s/p).

Para Oliveira (2018), essa é a ponte que conduz a Bolsonaro: o fantasma da volta ao poder do PT foi contornado com a prisão de sua liderança maior, Lula, entre os tucanos não houve adversário à altura, restou Bolsonaro, cuja missão é manter os feitos de Temer, evitando retrocessos. O que será do Governo Bolsonaro, quanto a seu protagonismo e rumos próprios que dará ao projeto privatista, é uma página da história que será escrita adiante.

Este capítulo se encerra nos primeiros dias do Governo Bolsonaro, sendo, portanto, ainda precoce avaliar o impacto deste nas políticas sociais, muito embora se tenha as tendências postas. Estas se colocam em duas esteiras fundamentais: a captura das políticas públicas sociais pelos interesses do mercado, sua (des)universalização e, consequente, focalização e ênfase na meritocracia; a intensificação de visões moralizantes, conservadoras e, até mesmo, retrógradas, que passarão a permear as políticas públicas/sociais.

Nessa toada, desenham-se os desafios de discutir a avaliação das políticas públicas em contexto recessivo e regressivo, o qual exigirá dos assistentes sociais enorme vigilância, estudo, visão crítica, inteligibilidade da direção do trabalho profissional e salvaguarda do seu projeto em defesa da classe trabalhadora, no sentido de contribuir com os necessários processos de resistência que virão.

1.1 À guisa de conceituação: as políticas sociais públicas no capitalismo

A breve caminhada histórica descrita até aqui permite observar os movimentos erráticos das políticas públicas que acompanham as forças políticas e suas dinâmicas. Desse modo, os direitos sociais e sua materialização, por meio das políticas públicas, seguem os trajetos das classes sociais em sua luta permanente e disputa pela hegemonia. Assim, a materialização dos direitos não acompanha traçados lineares, ao contrário, está sujeita e se realiza por meio das lutas sociais.

Desse modo, àqueles que hoje se espantam diante da possibilidade de retrocessos enormes no campo dos direitos humanos no Brasil, pois acreditavam ter sido alcançado certo limiar civilizatório, a história demonstra que a caminhada dos direitos não é evolutiva, pode, também, ser involutiva, sempre que estes desafiam os interesses e as possibilidades de expansão do capital.

Para tanto, necessário situar a visão de Estado que orienta este estudo, pois oferecerá indicativos para o trabalho do assistente social na avaliação de políticas públicas na ótica de defesa e ampliação de direitos. Adota-se a perspectiva gramsciana de Estado, cuja obra se fundamenta nos escritos de Karl Marx. Ambos os autores, embora provenientes de momentos históricos distintos, caracterizam-se, além da produção teórica, pelo esforço em direção à mudança da realidade.

> O grande êxito de Marx não consistiu apenas em mostrar que o Estado, longe de estar acima dos interesses privados e de representar o interesse geral, está subordinado à propriedade privada — e que a contradição entre ele e a sociedade é uma realidade. Além disto — e esse é um aspecto geralmente ignorado por muitos que analisam sua obra —, mostrou que a alienação política decorrente dessa separação é o elemento fundamental da sociedade burguesa moderna, pois o significado político do ser humano separa-se de sua condição real como indivíduo privado (Acanda, 2006, p. 144).

No andar da história, foi notória a desconstrução do ideário do Estado não interventor, o "guarda-noturno", pois, além de intensificar-se a intervenção estatal na economia, o Estado passou a regular espaços da esfera civil, como aqueles relacionados ao associativismo, evitando, assim, o fortalecimento de projetos coletivos que desafiassem o capitalismo. Também, na proporção em que os trabalhadores passaram a participar das relações contratuais capitalistas como proprietários do fator de produção — trabalho —, o Estado passou a assumir a função de mediador de interesses antagônicos (Acanda, 2006).

> As lutas das massas populares, de forma lenta mas incessante, obtiveram a extensão dos direitos de cidadania e fizeram os grupos dominantes compreenderem que o Estado já não podia continuar sendo interpretado, pelo resto da sociedade, como "comitê administrativo" da burguesia. [...] Houve o que podemos chamar de uma "explosão" da sociedade civil, um crescimento acelerado do tecido associativo que implicava maior complexidade da estruturação social e política (Acanda, 2006, p. 171).

Nesse contexto, Gramsci foi o primeiro teórico marxista a constituir um sistema conceitual capaz de discutir as complexas relações de poder das sociedades capitalistas contemporâneas (Acanda, 2006).

Na concepção de Gramsci (2002), não há uma hierarquização de importância entre estrutura e superestrutura, as quais compõem o bloco histórico e se determinam mutuamente. A estrutura — elementos econômicos — possui relevância, sem ser determinante, pois, por meio da superestrutura, a classe dominante dissemina os elementos culturais e ideológicos necessários ao seu domínio sobre as classes subalternas.

> É o problema das relações entre estrutura e superestrutura que deve ser posto com exatidão e resolvido para que se possa chegar a uma justa análise das forças que atuam na história de um determinado período e determinar a relação entre elas. É necessário mover-se no âmbito de dois princípios: 1) o de que nenhuma sociedade se põe tarefas para cuja solução ainda não existam as condições necessárias e suficientes, ou que pelo menos não estejam em vias de aparecer e se desenvolver; 2) e o de que nenhuma sociedade se dissolve e pode ser substituída antes que se tenham desenvolvido todas as formas de vida implícitas em suas relações [...] (Gramsci, 2002, p. 36).

A superestrutura é composta pela sociedade política e pela sociedade civil. A sociedade política tem a função da coerção e do domínio, enquanto a sociedade civil, geralmente composta por organismos privados, tem a função da formação do consenso, dando a direção intelectual e política à sociedade. A complexa sociedade civil é composta por instituições de caráter educativo, religioso, organizativo, político, econômico, entre outros. É no âmbito da sociedade civil que Gramsci vislumbrou a formação da vontade coletiva, organizando o consenso e a adesão das camadas dominadas ao projeto hegemônico (Acanda, 2006). Desse modo, distintos espaços de poder em disputa na sociedade influem na formação de valores e percepções dos homens acerca de si e do mundo.

> O poder se apoia, essencialmente, no controle das instituições que conferem sentido: aquelas que definem e justificam o indivíduo, ensinam-no a pensar de

certa maneira e não de outra, indicam-lhe os valores que deve compartilhar, as aspirações permitidas e as fobias imprescindíveis. A família, a Igreja, a escola, o idioma, a arte, a moral sempre foram objetivos do poder, que tentou instrumentalizá-los em benefício próprio (Acanda, 2006, p. 176).

O momento histórico vivido pelo Brasil, após 2014, demonstra claramente os elementos apresentados por Acanda (2006) com base nos ensinamentos de Gramsci. A assunção de Bolsonaro ao poder — leia-se à condução do governo federal, componente da sociedade política — deu-se em um contexto no qual diversas forças jurídicas, políticas e sociais confluíram, mas qualquer análise crítica sobre esse período trará a importância das igrejas neopentecostais, que contribuíram para a construção do caldo cultural que elegeu o projeto de extrema-direita. Algumas destas ideias assentam-se na perspectiva da moralização da família, afirmando a heteronormatividade como o terreno socialmente desejável, com isso defendendo pautas contrárias à descriminalização do aborto, favoráveis à defesa da família nuclear tradicional, composta por pai, mãe e filhos e rechaço a qualquer vivência flexível em termos de sexualidade e gênero. Nessa contextura, são retomados os signos Deus e Pátria, que se articulam em expectativas relacionadas a: "tudo vai mudar", "agora a vida vai melhorar", defendendo ideias descoladas da realidade, como o risco do "comunismo" e de que haveria um trabalho das escolas "marxistas" para tornar crianças *gays*.

Nessa trama, os valores, comportamentos e modos de pensar que conformam a hegemonia dentro da sociedade situam-se, para Gramsci (2002, p. 331), no conceito de "civil". Assim, o "[...] Estado é todo o complexo de atividades práticas e teóricas com as quais a classe dirigente não só justifica e mantém seu domínio, mas consegue obter o consenso ativo dos governados [...]".

O Estado encontra relação com a sociedade civil pela mediação da sociedade política, e essa mediação oferece coesão e coerência à sociedade civil. Esta pode ser vista como sistema das necessidades reguladas jurídica e ideologicamente, e a sociedade política como o conjunto de instituições e procedimentos relativos ao debate político, incluindo-se o partido político (Chaui, 2000). Assim, sociedade política, sociedade civil e Estado não são sinônimos, mas se prestam a diversas confusões conceituais e práticas.

> Nesta perspectiva, confundir sociedade política e governo é reduzir o campo de ação política e caminhar numa direção totalitária. Por outro lado, confundir sociedade política e sociedade civil implica cair nos dispositivos formais da democracia liberal ou, então, no corporativismo do tipo fascista. Enfim, confundir sociedade política e Estado seria decretar a desaparição do espaço de debate e de manifestação dos conflitos, necessários numa democracia real (Chaui, 2000, p. 179).

Gramsci em seu conceito de Estado rompe com a visão dicotômica liberal sobre Estado e sociedade civil, e formula um conceito que dialeticamente põe em contato sociedade civil e sociedade política, consenso e coerção. Agrega a esses conceitos o de hegemonia, ou seja, a capacidade de um grupo colocar-se como dirigente de processos históricos e sociais, exercendo seu domínio pelo controle dos meios de produção econômicos, dos instrumentos repressivos, mas também pela capacidade de oferecer direção moral e política à sociedade.

> Estamos sempre no terreno da identificação de Estado e Governo, identificação que é, precisamente, uma reapresentação da forma corporativa-econômica, isto é, da confusão entre sociedade civil e sociedade política, uma vez que se deve notar que na noção geral de Estado entram elementos que devem ser remetidos à noção de sociedade civil (no sentido, seria possível dizer, de que Estado = sociedade política + sociedade civil, isto é, hegemonia couraçada de coerção) (Gramsci, 2002, p. 244).

Estado ampliado, como é chamada a equação proposta por Gramsci, agrega ao Estado o conjunto das forças "privadas", com o nome de sociedade civil, porque, para o autor, a sociedade capitalista na modernidade fez diluírem-se as fronteiras entre o público e o privado, fazendo com que tais esferas tenham conexões. Nesse entendimento, a família, as escolas, os sindicatos, os meios de comunicação, longe de estarem alheios às lutas pelo poder, também participam delas, na medida em que compartilham de visões de homem e de mundo e legitimam ou não o grupo dominante. Mais uma vez, a página recente da história brasileira é profícua em exemplos acerca dessa formulação, basta verificar o protagonismo dos meios de comunicação de massa na grave crise política que assolou o país, especialmente na desqualificação dos governos populares, pavimentando o caminho para o *impeachment* de Dilma e na prisão de Lula e sua ausência na disputa eleitoral.

Entenda-se, porém, que a sociedade civil não é harmônica, mas repleta de conflitos e contradições internas, expressando os embates entre dominados e dominadores — campo de luta política permanente. A luta contra-hegemônica, ou seja, aquela que visa confrontar e desestabilizar o grupo dominante, não ocorre somente da sociedade civil contra a sociedade política, mas internamente no seio da sociedade civil, da sociedade política e em inter-relação. Nesse sentido,

> a habilidade do grupo que detém o poder não reside em tentar impedir as manifestações dessa diversidade, e sim em cooptá-las para seu projeto global de construção da trama social. É a isso que Gramsci chama de hegemonia (Acanda, 2006, p. 181).

A visão gramsciana sobre o Estado é base fundamental para o entendimento das políticas públicas e, por conseguinte, da sua avaliação no âmbito do Sociojurídico, pois abarca a complexidade dos organismos estatais e da composição de interesses que permeiam a sociedade civil. As forças em lutas da sociedade civil que se opõem e se apoiam encontram alianças dentro das estruturas da sociedade política em prol de interesses presentes na sociedade.

A política pública visa materializar direitos, os quais são fruto das lutas sociais e da necessidade do capitalismo em manter a coesão do sistema, prefigurados no plano do Direito. Os direitos, por seu turno, previstos no plano legal, são apenas um horizonte, podendo se constituir em ferramenta na luta pela sua efetivação. Assim, "as demandas sociais, que prefiguram os direitos, só são satisfeitas quando assumidas nas e pelas instituições que asseguram uma legalidade positiva" (Coutinho, 1997, p. 148).

Como referido no primeiro item deste capítulo, os direitos humanos, embora tenham se constituído ao longo da história, conforme determinado momento político e estágio das lutas sociais, conformando características específicas e, por isso, são inclusive tratados de modo geracional — civis, políticos, sociais e aqueles relacionados ao meio ambiente, à paz, ao convívio humano, ao patrimônio comum da humanidade —, na prática e, para fins do trabalho do assistente social, precisam ser vistos de modo articulado e indivisível.

Lima Junior (2002) defende, conforme já mencionado, que os direitos, quer sejam civis, políticos, sociais, econômicos, ambientais, têm ao mesmo tempo repercussões que perpassam todas as suas dimensões, sendo, portanto, indivisíveis, pois interdependentes e articulados. Essa perspectiva é fundamental para a avaliação das políticas públicas, na perspectiva de sua intersetorialidade, pois a atenção às necessidades humanas impõe a integralidade da atuação do Estado.

Nessa contextura, uma função primeira da política pública é materializar os direitos humanos expressos na lei e distribuir bens/riqueza socialmente produzida. Estes devem, pois, ser: indivisíveis, na medida em que se espera sejam usufruídos por todos os membros de uma sociedade, daí a universalidade das políticas; públicos, visando o interesse geral, para além das condições individuais e da lógica do mercado; estar disponíveis aos cidadãos (Pereira, 2008).

Acrescenta-se aos aspectos até aqui expostos a perspectiva de que as políticas públicas, assim como os direitos, não se configuram de uma vez para sempre, mas são históricas e se modificam conforme a capacidade organizativa da própria sociedade. De tal sorte, as políticas públicas não são cartesianas, mas se constituem de modo dinâmico e contraditório. Assim, o formato de uma determinada política é determinado pelo campo legal, pela correlação das forças políticas em disputa e pelo acúmulo técnico existente em determinado período histórico.

Não obstante, para Pereira (2008), o que caracteriza a política pública é o fato de estar sob a responsabilidade de uma autoridade pública, com o devido controle da sociedade; materializa direitos sociais, referenciados pela lei e que serão operacionalizados em programas, projetos e serviços; tem como orientação o interesse comum; deve satisfazer necessidades sociais e não do capital. Complementa a autora:

> trata-se, pois, a política pública, de uma estratégia de ação pensada, planejada e avaliada, guiada por uma racionalidade coletiva, na qual, tanto o Estado como a sociedade desempenham papéis ativos (Pereira, 2008, p. 96).

Desse modo, a avaliação da política pública implica, sem dúvida, o conhecimento acerca do papel e da ação do Estado e neste a atuação dos governos, do conjunto do aparato estatal, e da sociedade civil naquela seara específica. Nesse processo, inter-relacionam-se conflitos de interesses, negociações e construções de sínteses provisórias acerca dos programas, projetos e serviços que estarão disponíveis à população.

O espaço de constituição da política pública é cenário de embates sistemáticos mais ou menos acentuados, a depender da conjuntura e da capacidade organizativa da população, visto que se constitui, contraditoriamente, em espaço de cooptação e de materialização de direitos. Como será discutido adiante, fundamental na avaliação das políticas públicas o olhar a partir e sobre os espaços de controle social. A propósito, afirma Coutinho (1997):

> como todos os âmbitos da vida social, também a esfera das políticas sociais é determinada pela luta de classes. Através de suas lutas, os trabalhadores postulam direitos sociais que, uma vez materializados, são uma sua indiscutível conquista; isso não anula a possibilidade de que, em determinadas conjunturas, a depender da correlação de forças, a burguesia use as políticas sociais para desmobilizar a classe trabalhadora, para tentar cooptá-la, etc. (Coutinho, 1997, p. 157).

O binômio concessão-conquista contribui para o entendimento móvel dos direitos, pois articulado à hegemonia de determinados interesses e à potência das forças contra-hegemônicas. A concessão se apresenta como meio de manter a acumulação capitalista e a reprodução da força de trabalho e a conquista como reveladora da disputa dos trabalhadores por visibilidade e direitos (Iamamoto, 2004).

Nessa contextura, o Sistema de Justiça coloca-se, por meio de algumas de suas instituições, como agente no processo de exigibilidade de políticas públicas e/ou como desaguadouro de demandas por direitos a se materializarem. O próximo capítulo explorará algumas das interfaces existentes ou possíveis entre a Defensoria Pública, o Ministério Público e o Poder Judiciário nessa direção.

Capítulo 2

O Sociojurídico e as políticas públicas:
interfaces possíveis

O chamado campo ou área Sociojurídica é vasto e formado por múltiplas instituições que lhe conferem um desenho heterogêneo. O presente estudo tem como foco a avaliação de políticas públicas, por isso, é de especial interesse as interfaces dos órgãos do Sistema com o direito difuso e coletivo[1]. Nesse caso, encontram-se conexões com as atribuições da Defensoria Pública, com o Ministério Público e com o Poder Judiciário. Em consequência, o assistente social situado em qualquer dessas instituições poderá atuar na avaliação de políticas públicas. Destaca-se a atuação do Ministério Público nesse terreno, pois, como será explorado em seguida, após a Constituição Federal de 1988, este assumiu funções específicas com relação à exigibilidade de direitos, tendo vasta atuação na seara extrajudicial, portanto, exerce suas atividades em querelas que, na sua maioria, podem não ser judicializadas, o que lhe coloca em contato fluido com a sociedade

---

1. Direitos coletivos, no sentido estrito, referem-se a um grupo de pessoas determináveis que partilham de prejuízos indivisíveis decorrentes de uma mesma relação jurídica; direitos difusos referem-se a grupo de pessoas indetermináveis com danos indivisíveis e reunidas pelas mesmas circunstâncias do fato (Mazzilli, 1998).

civil e política em diversas temáticas afetas às políticas públicas por área/setor ou por segmento.

Destarte, para que esta produção dialogue com as experiências dos assistentes sociais que atuam nessas instituições, a seguir será efetuada breve abordagem com o foco nas atribuições destas no tangente à avaliação de políticas públicas.

O primeiro ponto a observar é de que se trata de um Sistema de Justiça, portanto, a atuação destas três instituições é interdependente. Embora essa característica, cada uma delas têm atribuições específicas, que, de modo sintético, podem ser apontadas como as seguintes:

Figura 1. Sistema de Justiça (Defensoria Pública, Ministério Público, Poder Judiciário)

Defensoria Pública: responsável pela defesa dos direitos do cidadão na faixa de renda de 2.000,00 (DPU) e nos estados é variável.	• Papel de advogado da parte.
Ministério Público: responsável pela defesa do regime democrático e da ordem jurídica, dos direitos individuais indisponíveis e sociais.	• Sua atuação independe de interesses das partes. • Age de modo proativo diante de notícia de violação de direitos individuais, coletivos ou difusos.
Poder Judiciário: age provocado pelas partes no âmbito do processo judicial.	• Sua esfera de ação está restrita ao processo. • Toma conhecimento do posicionamento das partes no processo e decide.

Fonte: Elaborada pela autora, com base nas linhas gerais presentes na Constituição Federal de 1988, acerca dos referidos órgãos.

Para fins de mais bem vislumbrar as conexões entre as três instituições e as políticas públicas, desenvolvem-se, na sequência, suas atribuições nesse escopo, identificando, na medida do possível, as orientações vigentes desses órgãos com relação ao acompanhamento ou fiscalização de políticas públicas.

2.1 A Defensoria Pública e suas interfaces com as políticas públicas

Pode-se dizer que a Defensoria Pública é o órgão mais jovem do Sistema de Justiça, pois nos moldes hoje existentes, foi criada pela Constituição Federal de 1988. Visando à oferta da assistência jurídica sistemática, a Constituição foi além do modelo da advocacia *pro bono* ou dativa, adotando o modelo de pessoal assalariado, previsto no artigo 134 da Carta Magna, que abrange orientação jurídica, promoção dos direitos humanos e a defesa judicial, extrajudicial, individual e coletiva dos necessitados (Resurreição, 2018).

Além da previsão constitucional originária, ocorreram mudanças posteriores à promulgação da Constituição Federal de 1988, com as Emendas Constitucionais (EC) n. 45 de 2004 e n. 74 de 2013, com a garantia de autonomia administrativa e financeira ao órgão, assim como a EC n. 80 de 2014, que reformulou o art. 134 da Carta Constitucional. Tais mudanças incumbem a Defensoria Pública, essencialmente, da missão de democratização do acesso à Justiça por meio da orientação, garantia e defesa dos direitos humanos, no âmbito coletivo e individual, judicial e extrajudicial, tendo como foco a população "necessitada", ou seja, aquela que comprovar insuficiência de recursos (Brasil, 2015). Todavia, sabe-se que, especialmente, sobre a autonomia financeira há muito a ser feito, haja vista a dependência da Defensoria da estrutura administrativa dos estados.

O viés democrático consiste na possibilidade de reclamar um direito, fazendo-se representar, na ausência de recursos para contratação de um advogado, pelo Defensor Público. Desse modo, o acesso à Justiça pode anteceder o acesso a outros direitos.

Além das referências constitucionais, a Defensoria Pública conta com a Lei Complementar n. 80 de 1994, conhecida como Lei Orgânica das Defensorias Públicas, que previa defensores públicos em todas as unidades jurisdicionais do Brasil, em oito anos. Em decorrência, a maioria dos estados possui lei orgânica própria da Defensoria daquela unidade federativa, elaboradas entre 2004 e 2015 (Brasil, 2018).

A Defensoria está estruturada em âmbito nacional, por meio da Defensoria Pública da União, com atuação nos graus e instâncias administrativas federais;

nos estados e Distrito Federal, por meio das Defensorias Públicas do Distrito Federal e Estados, com atuação nos graus e instâncias estaduais, conforme os territórios. Suas atribuições variam conforme o escopo de atuação, mas estão pautadas pela unidade, indivisibilidade e independência funcional (Brasil, 2015).

Ao longo de sua caminhada, ainda tão recente, a Defensoria Pública tem introduzido em sua metodologia de trabalho experiências de conciliação, de orientação e enfrentamento à violência doméstica, bem como núcleos de direitos humanos, muitos deles atuando com relação ao acesso à cidade, nas ocupações urbanas e na defesa de grupos socialmente violados em seus direitos. Observa-se que as Defensorias vêm organizando a sua intervenção, também por meio de núcleos temáticos, que versam sobre infância e juventude, habitação e urbanismo, pessoa com deficiência, entre outros.

Por outra via, é preciso pontuar que a previsão constitucional da Defensoria Pública não garante de pronto a sua estruturação e funcionamento pleno nos estados. Em alguns destes, veio a ser implementada muito depois do previsto, como em São Paulo, por força da atuação dos movimentos sociais (Barros, 2018). Em alguns estados do Brasil, existiam embriões da estrutura das defensorias. A mais recente é a de Santa Catarina, e o Amapá é o único estado que não dispõe dessa estrutura institucionalizada. A média nacional de atendimento por comarcas, em 2014, era de 40% destas (Brasil, 2015).

Desse modo, o maior desafio da Defensoria Pública, hoje, é sua ampliação, especialmente, no interior dos estados. Conforme o IV Diagnóstico da Defensoria Pública no Brasil (Brasil, 2015), em boa parte das comarcas no país há "estado-juiz", "estado-acusação", mas insuficiente "estado-defensor". Considerando, ainda, esse cenário, o aporte de assessoria técnica é, por demais, incipiente, havendo, por exemplo, número diminuto de assistentes sociais nas suas equipes.

Também, do ponto de vista de suas competências e atribuições, Barros (2018) sinaliza a diferença entre a assistência jurídica e a assistência judiciária, sendo a primeira de escopo alargado, implicando não somente a defesa em juízo, mas um amplo espectro de acessos a serviços jurídicos judiciais e extrajudiciais para a garantia de direitos. Isso significa que a atuação da Defensoria Pública será estendida em direção a outros órgãos públicos e a terceiros, conforme a necessidade dos assistidos.

Sobre as interfaces da atuação da Defensoria Pública com a avaliação de políticas públicas, toma-se como referência a recente produção de Barros (2018), assistente social da Defensoria Pública de São Paulo. A profissional revela, à luz da sua experiência em São Paulo, que os núcleos da atuação dos assistentes sociais direcionam-se para: atendimentos sociais, incluindo resoluções extrajudiciais; produção de documentos técnicos; mapeamento e articulação com a rede de serviços; educação em direitos humanos. Embora não esteja explicitado eixo interventivo com relação às políticas públicas, a autora infere que a atuação em torno deste é essencial, mencionando a ação civil pública para tanto e seu monitoramento. Ainda, ao longo da discussão em torno do trabalho do assistente social e do psicólogo, naquele contexto, menciona a assessoria para que a Defensoria modificasse a forma de condução das solicitações de internações compulsórias, reforçando as competências e papel da política de saúde com relação a esse tema.

No diagnóstico nacional (Brasil, 2015) aparecem entre as áreas de atuação dos defensores públicos, ações coletivas, com 31,5%. Na mesma pesquisa, a atuação dos defensores públicos na tutela dos direitos coletivos tem a aprovação de 97,7% destes profissionais participantes da pesquisa, bem como de 97,9% na utilização de meios extrajudiciais para a solução de conflitos.

Em que pese a atuação na esfera do direito coletivo e, por conseguinte, das atividades relacionadas à avaliação de políticas públicas não apareça de modo nítido na atuação da Defensoria Pública, o seu arcabouço legal e suas experiências concretas certamente a conduzirão para pontos de contato cada vez maiores com relação a essa temática. Desse modo, na medida em que o Serviço Social se incorpora nessa Instituição, poderá contribuir, pela sua formação, quanto ao arcabouço teórico e metodológico das políticas públicas, subsidiando a atuação do órgão nessa dimensão.

2.2 A exigibilidade de direitos a partir do Ministério Público

O Ministério Público, tal como a Defensoria Pública, teve suas atribuições e papel redesenhado pela Constituição Federal de 1988, passando de uma instituição com expertise e histórico na esfera criminal, como acusação e defensor dos interesses da sociedade, para a missão de defesa do regime democrático e dos direitos individuais indisponíveis e sociais. Observe-se que, diferentemente da Defensoria Pública, o Ministério Público estará presente em toda a querela judicializada, independente da parte e sua defesa. Todavia, a atuação do Ministério Público não se esgota na judicialização da demanda ou litígio, havendo largo horizonte, a partir de 1988, para a atuação em torno da exigibilidade de direitos humanos. Este é o foco deste item que realiza breve abordagem da assunção pelo Ministério Público de missão interconectada às políticas públicas e de suas políticas institucionais nessa direção.

Assim como a Defensoria Pública, o Ministério Público, nesta Constituição, goza de menção específica no Capítulo IV, artigos 127 a 130, que prevê as atribuições e as prerrogativas de seus membros, tendo como definição o que segue: "o Ministério Público é instituição permanente, essencial à função jurisdicional do Estado, incumbindo-lhe a defesa da ordem jurídica, do regime democrático e dos interesses sociais e individuais indisponíveis", ainda, manteve o encargo privativo da promoção da ação penal pública. A Instituição desfruta de unidade, indivisibilidade e de independência funcional de seus membros. Tais construções são fruto do seu processo histórico — que apresentou oscilações nos diferentes momentos históricos do país, com papéis de maior e de menor relevância social — e da organização política de seus membros no processo constituinte.

A Instituição está organizada por meio do Ministério Público da União e os Ministérios Públicos dos Estados. O Ministério Público da União, regido pela Lei Complementar n. 75/1993, compreende o Ministério Público Federal (atua em situações que envolvem a esfera federal), o Ministério Público do Trabalho, o Ministério Público Militar (estes atuam nos ramos especializados na esfera federal), o Ministério Público do Distrito Federal e Territórios (vinculado à estrutura federal) e o Ministério Público Eleitoral (atua na esfera federal e estadual) (Neto, 2009). Ainda, por meio da EC n. 45 de 2005, foi criado o Conselho Nacional do Ministério Público (CNMP), responsável pela fiscalização administrativa, financeira e disciplinar da Instituição e de seus membros no Brasil. Também há o Conselho Nacional de Procuradores-Gerais (CNPG), entidade associativista que reúne os Procuradores-Gerais de Justiça dos Estados e da União.

O Ministério Público dos Estados é regido pela Lei n. 8.625/1993, tendo como órgãos de execução o Procurador-Geral de Justiça, o Conselho Superior do Ministério Público, a Corregedoria-Geral do Ministério Público, as Procuradorias de Justiça e as Promotorias de Justiça (Neto, 2009).

A Instituição usufrui de autonomia financeira e administrativa. A chefia, em cada esfera, é escolhida pelo dirigente do Poder Executivo em lista tríplice, com mandatos de dois anos, permitida uma recondução.

Diferentemente da Defensoria Pública, o Ministério Público conta com um quadro técnico um pouco mais robusto. No VI Encontro Nacional do Serviço Social no Ministério Público, ocorrido em Florianópolis, em novembro de 2016, foi mapeada a existência de 389 assistentes sociais em todos os estados do Brasil (Florianópolis, 2017).

A categoria profissional do Serviço Social vem tendo uma atuação política bastante expressiva na Instituição, pois desde 2006 vem realizando encontros bianuais dos assistentes sociais do Ministério Público, em especial contando com a participação de profissionais do Ministério Público estadual. Tais encontros vêm tendo importância ímpar na construção da identidade do Serviço Social na Instituição, inclusive com o debate sobre a direção social do trabalho. Nesse processo, desde os primórdios dos colóquios, ocorre a diferenciação da atuação do assistente social no Ministério com relação ao Poder Judiciário, ou seja, assessoria técnica ou perícia, sendo a primeira a perspectiva mais compatível com a atribuição do Ministério Público. Ainda, os estudos e a vivência dos assistentes sociais nesta Instituição apontam para a elevada potencialidade da atuação em direitos difusos e coletivos para a assunção de sua missão institucional, o que implica possibilidades de fomento e de fiscalização das políticas públicas.

Em estudos realizados pela autora sobre o Ministério Público a partir da Constituição Federal de 1988, transparecem nas produções de membros e assistentes sociais as seguintes linhas de ação no concernente às políticas públicas:

> [...] a missão do Ministério Público quanto à defesa e garantia dos direitos humanos coloca-o em relação direta com os demais atores da sociedade política, em especial, no caso do Ministério Público estadual, com referência

às **políticas públicas** com os governos estaduais e municipais, pois são elas que materializam o direito à proteção social. Se não forem concretizados na vida da população, os direitos não passam de intenções. Assim, a atuação ministerial está profundamente voltada para o **fomento** e a **fiscalização** das políticas públicas (Tejadas, 2012, p. 250-251).

Interessante observar que o Ministério Público figura na sociedade política, mas não executa a política pública, desse modo, não dispõe e não deve dispor de programas, projetos e serviços de atendimento à população. A intervenção ministerial ocorre no âmbito extrajudicial no qual lançará mão de mecanismos de negociação e pactuação com vistas à materialização de determinados direitos ou, ainda, em último caso, na via judicial.

O Ministério Público, no exercício de suas atribuições constitucionais, tem o dever de atuar junto aos órgãos gestores das políticas públicas nas diferentes instâncias (municipal e estadual). Como um impulsionador do processo de transformação, pode ser situado como um parceiro da sociedade, sendo um dos instrumentos de controle das políticas públicas e defendendo os interesses transindividuais, difusos ou coletivos. Caberá aos órgãos gestores a implantação e implementação dessas políticas (Delgado; Andrade; Mendes, 2008, p. 9).

Nesse sentido, parte-se da premissa de que os direitos sociais, especialmente, são plenamente exigíveis do poder público, não podendo estar submetidos às determinações econômicas, expressas na chamada "reserva do possível". Exatamente nessa dimensão da atuação ministerial situa-se um dos dilemas institucionais, pois ao não se constituir em instituição executora de políticas públicas, não detém o processo de formulação e implementação de políticas que permeiam o Poder Executivo e os organismos de controle social. Assim, as possibilidades de **indução e fomento de políticas públicas** dependem, sobretudo, das relações estabelecidas pela Instituição na arena pública, em especial, com gestores das políticas públicas, trabalhadores dessas áreas, órgãos de controle social, usuários das políticas.

Há diversos mecanismos jurídicos para a atuação na perspectiva do fomento da política pública, como as recomendações, os termos de ajustamento de conduta e mecanismos de diálogo com os segmentos da sociedade envolvidos, como as plenárias dos conselhos de direitos, audiências públicas e espaços de debate sobre as constatações do Ministério Público acerca daquela política com seus respectivos atores. Nessa perspectiva, Gravronski (2005) reforça a existência de mecanismos jurídicos para a tutela coletiva de direitos, que

> [...] encarada em seu contexto amplo, vale dizer, não apenas jurisdicional, mas também sob a perspectiva extrajudicial dos compromissos de ajustamento de conduta, a tutela coletiva está no centro dos debates hodiernos mais importantes acerca dos destinos da sociedade, necessariamente debatidos sob uma perspectiva política. Esse considerável sobrevalor político que lhe é ínsito não pode ser desconsiderado quando da análise de todos seus aspectos fundamentais: legitimação, possibilidade jurídica dos pedidos e efetividade, dentre os que mais se destacam, hoje, na pauta dos grandes debates acadêmicos acerca do processo e sua instrumentalidade (Gravronski, 2005, p. 82).

Todavia, o uso dos instrumentos jurídicos precisa ser precedido de construções políticas, no campo negocial e de pactuação que permitam sua efetivação e não frustrem as expectativas da população envolvida. Nesse caso, a atuação no fomento às políticas públicas pressupõe o enriquecimento do debate com os credores da política em questão, pois garantirá legitimidade para a constituição de um processo de materialização e ampliação das políticas públicas. Referindo-se à noção de esfera pública, Dagnino (2002, p. 283) traz contribuições que fazem sentido à atuação ministerial.

> O reconhecimento dos diferentes interesses e a capacidade de negociação sem perda da autonomia, a construção do interesse público, a participação na formulação de políticas públicas que efetivamente expressem esse interesse são algumas das dimensões que constituem essa novidade. Assim, os difíceis aprendizados que ela envolve têm que ser levados em consideração na análise e avaliação do funcionamento desses espaços.

Nesse caso, o Ministério Público tem uma função constitucional da qual não pode abrir mão, ou seja, não pode transigir na garantia dos direitos humanos. Entretanto, os caminhos para efetivação do Direito podem ser diversos, além do que a missão da Instituição requer aqueles que fortalecem a democracia, a negociação, a pactuação de acordos. Para tal, Dagnino (2002) contribui ao pontuar a premência do reconhecimento dos interesses e projetos em disputa, pois eles permitem prospectar as estratégias para a ampliação de direitos, ou seja, os caminhos a serem trilhados. Isto, pois, a lei é um horizonte, necessário, importante, mas insuficiente para a materialização dos direitos na vida dos trabalhadores; esta requer lutas constantes, vontade política e ação para a construção dos meios que os concretizem.

Essa possibilidade de atuação institucional impõe a **mediação de interesses**, por vezes antagônicos, tendo como horizonte os direitos positivados na lei. Essa nova dimensão da atuação do promotor de Justiça requer novas habilidades. Silva (2001), estudiosa sobre o tema do Ministério Público e suas novas atribuições, a partir de pesquisa qualitativa, construiu tipos ideais de promotores de Justiça, no que tange à atuação no campo dos interesses sociais: o promotor de gabinete e o promotor de fatos. Sobre o segundo tipo, a estudiosa enuncia:

> [...] por meio da negociação e dos acordos, o *promotor de fatos* influencia até mesmo o conteúdo de legislações, políticas e programas municipais de atendimento. Elegendo o contato e o diálogo com os responsáveis por políticas e programas, ele acaba exercendo uma espécie de "pressão formalizada" sobre os administradores públicos (Silva, 2001, p. 138).

O fomento de políticas públicas coloca os membros do Ministério Público em contato com temas áridos, relacionados à gestão pública, ao financiamento das políticas públicas e ao *modus operandi* de cada política. Nesse sentido, o Serviço Social vem construindo, na Instituição, o seu lugar nos processos de trabalho voltados ao fomento e indução das mais diversas políticas públicas. De certa forma, (re)posicionando a profissão para intervenção nessa seara, já que as motivações iniciais para a incorporação deste profissional aos quadros da Instituição estavam afetas, de modo geral, ao direito individual, clássico espaço de contribuição do Serviço Social.

Além da atuação voltada para o fomento das políticas públicas, outra forte intervenção institucional ocorre no âmbito da **fiscalização** destas, haja vista que a Instituição, além do enunciado constitucional, encontra em legislações infraconstitucionais mandatos específicos acerca da avaliação, acompanhamento e controle das políticas públicas. Do mesmo modo, na medida em que o Ministério Público passou a divulgar junto à sociedade sua atuação no âmbito da garantia de direitos humanos, tornou-se receptáculo de um conjunto de denúncias provenientes de indivíduos, movimentos sociais, associações, enfim, entidades e organizações diversas. Com isso, o Ministério Público age, no tocante à fiscalização de políticas públicas e/ou instituições de atendimento, de modo autônomo ou a partir de demandas da própria sociedade.

Ao longo da última década, houve enorme crescimento da atuação institucional nesse campo, o que instigou o Conselho Nacional do Ministério Público (CNMP) a emitir um conjunto de resoluções voltadas para as atribuições dos promotores de Justiça com relação à avaliação de políticas públicas. Aliás, ao longo do texto, especialmente, da parte que visa adentrar ao fazer profissional, opta-se pelo termo avaliação de políticas públicas e de instituições de atendimento, por compreendê-lo mais amplo. A avaliação permite múltiplas construções com os sujeitos que operam as políticas, pressupõe edificações técnicas sólidas a partir das concepções que norteiam a política pública na sociedade capitalista e os desenhos específicos que assumem em cada época, bem como contribuições para o desenrolar do(s) objeto(s) da avaliação. Por fim, a fiscalização pode remeter a visões estreitas de aferição de resultados, de descontextualização e de percepções e práticas policialescas em torno dos sujeitos envolvidos, aspectos que serão mais bem expostos no decorrer do próximo capítulo.

Visando demonstrar a importância que assume essa possibilidade de atuação na Instituição, a seguir apresenta-se quadro com as resoluções institucionais que envolvem a fiscalização de instituições de atendimento e de políticas públicas, emitidas pelo CNMP. O Quadro 1 contém partes do material elaborado por Nogueira (2017), em sua tese de doutorado, sendo privilegiadas as resoluções do CNMP pertinentes ao tema deste livro, acrescido de pesquisa realizada nesta obra referente ao ano de 2018.

Quadro 1. Resoluções do CNMP atinentes à fiscalização de instituições de atendimento e políticas públicas

Identificação	Ementa	Natureza	Observações
Resolução 93/2013	Dispõe sobre a atuação dos membros do Ministério Público na defesa do direito fundamental à convivência familiar e comunitária de crianças e adolescentes em acolhimento e dá outras providências.	Vinculativa	Prevê que os assistentes sociais, pedagogos e psicólogos acompanhem os promotores de Justiça nas fiscalizações e assessorem o processo de reordenamento dos serviços de acolhimentos familiar e institucional. Prevê a contratação de profissionais de Serviço Social, Psicologia e Pedagogia, inclusive por meio de convênios, cessão etc.
Resolução 97/2013	Dispõe sobre a uniformização das fiscalizações em unidades de cumprimento de medidas socioeducativas de internação e de semiliberdade pelos membros do Ministério Público e sobre a situação dos adolescentes que se encontrem privados de liberdade em cadeias públicas.	Vinculativa	Prevê que os assistentes sociais, pedagogos e psicólogos acompanhem os promotores de Justiça nas fiscalizações nas unidades de cumprimento de medidas socioeducativas de internação e semiliberdade. Prevê a contratação de profissionais de Serviço Social, Psicologia, inclusive por meio de convênios, cessão etc.
Resolução 120/2015	Altera a Resolução n. 56/2010, sobre a uniformização das inspeções em estabelecimentos penais do Ministério Público.	Vinculativa	A normativa trata da regularidade das inspeções e da produção de relatórios contendo informações sobre classificação, instalações físicas, recursos humanos, capacidade e ocupação do estabelecimento penal; perfil da população carcerária, assistência, trabalho, disciplina e observância dos direitos dos presos ou internados; medidas

Continua ▶

Quadro 1. Continuação

Identificação	Ementa	Natureza	Observações
			adotadas para a promoção do funcionamento adequado do estabelecimento; considerações gerais e outros dados reputados relevantes. A resolução não prevê a participação de equipes técnicas.
Resolução 154/2016	Dispõe sobre a atuação dos membros do Ministério Público na defesa dos direitos fundamentais das pessoas idosas residentes em instituições de longa permanência e dá outras providências.	Vinculativa	Estabelece a sistemática de, no mínimo, uma inspeção anual de membro do Ministério Público nas instituições de longa permanência para idosos. Prevê a participação de equipes formadas por assistentes sociais, psicólogo, arquiteto e/ou engenheiro nas inspeções, sempre que possível. Prevê a possibilidade de adoção de providências como realização de convênios com entidades habilitadas para possibilitar a implantação das equipes.
Recomendação 26/2015	Dispõe sobre a uniformização da atuação do Ministério Público o processo de elaboração e implementação dos Sistemas Estaduais e Municipais de Atendimento Socioeducativo, conforme disposto nas Leis federais n. 8.069/1990 e 12.594/2012.	Não vinculativa	Trata da sistemática a ser empreendida pelas unidades do Ministério Público nos estados e no Distrito Federal para acompanhar a elaboração e implementação dos Planos Estaduais e Municipais de Atendimento Socioeducativo, indicando que os membros do Ministério Público com atribuição devem zelar pela implementação de uma política socioeducativa pública, de cunho intersetorial, que contemplem programas em meio aberto e ações de prevenção.

Continua ➤

Quadro 1. Continuação

Identificação	Ementa	Natureza	Observações
Recomendação 30/2015	Dispõe sobre a atuação do Ministério Público na garantia à educação infantil.	Não vinculativa	Recomenda a inclusão do tema nos cursos de formação e atualização de membros e sua priorização no planejamento estratégico; a realização de ações coordenadas para fomentar o atendimento educacional especializado complementar; a realização de ações coordenadas para promover ambiente educacional inclusivo.
Resolução 31/2016	Dispõe sobre a necessidade de observância, pelos membros do Ministério Público, das normas – princípios. Regras – do chamado protocolo de Istambul, da Organização das Nações Unidas (ONU) e do Protocolo Brasileiro de Perícia Forense, em casos de crimes de tortura e dá outras providências.	Não vinculativa	Recomenda a observância das diretrizes e normas expostas nos tratados internacionais e do protocolo nacional para identificação, caracterização e elucidação do crime de tortura. Aponta aspectos a serem observados no que se refere à violência institucional nos estabelecimentos prisionais e de cumprimento de medida socioeducativa.
Recomendação 44/2016	Dispõe sobre a atuação do Ministério Público no controle do dever de gasto mínimo em Educação.	Não vinculativa	Recomenda que os Procuradores Gerais e Centros de Estudos empreendam esforços para incluir o tema "Financiamento Constitucional do Direito à Educação de Qualidade" no ingresso vestibular de carreira, nos cursos de formação e atualização de membros e priorizem o tema no planejamento estratégico/ que fomentem a atuação dos membros nesse sentido; que sejam realizadas ações

Continua ➤

Quadro 1. Continuação

Identificação	Ementa	Natureza	Observações
			coordenadas entre Educação, Infância e Juventude e Patrimônio Público para evitar e reprimir desvios e retrocessos no piso de custeio do direito à educação. Sugere uma série de medidas a serem adotadas pelos membros no processo de fiscalização orçamentária, busca ativa de crianças, adolescentes e jovens fora da escola.
Recomendação 48/2016	Sugere parâmetros para a atuação do Ministério Público no controle do dever de gasto mínimo em saúde.	Não vinculativa	Recomenda que os Procuradores Gerais e Centros de Estudos empreendam esforços para incluir o tema "Financiamento Constitucional do Direito à Saúde" no ingresso vestibular na carreira, nos cursos de atualização de membros e priorizem o tema no planejamento estratégico; que fomentem a atuação dos membros neste sentido; que sejam realizadas ações coordenadas entre Saúde e Patrimônio Público para evitar e reprimir desvios e retrocessos no piso de custeio do direito à saúde. Sugere uma série de medidas a serem adotadas pelos membros no processo de fiscalização orçamentária e fomento ao controle social.
Resolução 137/2016	Altera a Resolução n. 67 de 2011, sobre a uniformização das fiscalizações em unidades para cumprimento de medidas socioeducativas de	Vinculativa	Regulamenta o período de realização das inspeções, qual seja março e setembro e envio de relatório.

Continua ➤

Quadro 1. Continuação

Identificação	Ementa	Natureza	Observações
	internação e de semiliberdade pelos membros do Ministério Público e sobre a situação dos adolescentes que se encontrem privados de liberdade em cadeias públicas.		
Resolução 165/2017	Altera a resolução n. 67 de 2011 que dispõe sobre a uniformização das fiscalizações e unidades para cumprimento de medidas socioeducativas de internação e de semiliberdade pelos membros do Ministério Público e sobre a situação dos adolescentes que se encontrem privados de liberdade em cadeias públicas.	Vinculativa	Trata do envio do relatório das inspeções e quais itens constarão no formulário padrão.
Resolução 186/2018	Dispõe sobre a criação da Comissão Extraordinária de Aperfeiçoamento e Fomento da Atuação do Ministério Público na Área da Saúde.	Vinculativa	Criação de comissão, com prazo de dois anos, prorrogáveis, para atuar no aprimoramento de atuação na tutela do direito coletivo à saúde, para ampliação da garantia do direito à saúde e desenvolvimento de metodologias para a fiscalização das políticas públicas na área da saúde.

Fonte: Nogueira (2017) e sítio eletrônico do CNMP. O critério de escolha das resoluções e recomendações foi a referência às temáticas que envolvem as políticas sociais, não foram acrescidas resoluções que tratam de ações de fiscalização acerca do meio ambiente, por ser área, ainda, de parca atuação do Serviço Social na Instituição.

Como pode ser observado no Quadro 1, o CNMP vem adotando, na última década, orientação voltada ao alinhamento da atuação institucional acerca de várias temáticas tangentes aos direitos difusos e coletivos. A análise do material permite identificar, a partir do escopo das políticas públicas sociais, três resoluções voltadas para fiscalização de instituições de atendimento (duas envolvendo a área da infância e juventude, uma a população idosa), seis recomendações atinentes às políticas públicas de modo mais geral, sobressaindo-se a educação e a saúde. Ainda há uma resolução que envolve a observância de práticas de tortura, o que perpassa tanto as instituições de privação de liberdade para adolescentes quanto para adultos; assim como outra que trata do sistema penal.

Considerando que as resoluções possuem caráter mandatório na política interna da Instituição, ou seja, demandam cumprimento e fiscalização por parte das Corregedorias sobre a atuação dos membros, verifica-se que estas se direcionam para áreas clássicas da atuação institucional como infância e juventude, idosos e privação de liberdade de adultos e de jovens, portanto, no âmbito da avaliação institucional. As recomendações, que têm caráter apenas orientativo, demonstram arcabouço mais amplo, voltado para a estrutura das políticas públicas e suas grandes linhas de intervenção. A esse propósito, Nogueira (2017, p. 211) pontua

> [...] que as recomendações — que não possuem caráter vinculativo e se destinam a indicar aspectos a serem privilegiados pelos ramos e unidades ministeriais, bem como pelos órgãos de execução (promotorias e procuradorias) — são as normativas que mais condensam indicações quanto à assunção de um perfil mais democrático e inovador pela Instituição, de modo que sua incorporação nos textos institucionais demanda ações que não podem dispensar, de modo algum, uma participação permanente dos assistentes sociais no sentido de sua defesa.

Ainda a partir do Quadro 1, constata-se que algumas resoluções abordam a necessidade de equipes técnicas de assessoramento, destacando-se nestas os assistentes sociais, envolvidas com o trabalho de fiscalização de instituições de atendimento. Já as recomendações que tratam de um escopo mais amplo das políticas públicas não chegam a mencionar as equipes técnicas.

Desse modo, é patente a demanda institucional em torno da assessoria do Serviço Social com relação às políticas públicas, reconhecendo que, para além da atuação no âmbito do direito individual — avaliação social —, a profissão dispõe de conhecimentos teóricos e metodológicos que permitem contribuir com as novas atribuições institucionais. Interessante sinalizar que esse direcionamento institucional com relação ao reconhecimento da assessoria nessas atividades é fruto, em grande medida, do trabalho que a categoria profissional vem desenvolvendo na Instituição e dos debates que vem travando desde 2006, nos Encontros Nacionais do Serviço Social no Ministério Público, no sentido de dimensionar e fortalecer sua identidade nessa direção.

As equipes técnicas e, nestas, o Serviço Social vêm sendo requisitado, inicialmente, em áreas tradicionais da atuação da profissão, com destaque para infância e juventude — fiscalização de programas de acolhimento institucional e instituições de privação e de restrição de liberdade.

Por outra via, no âmbito da avaliação das políticas públicas de modo mais amplo, a profissão necessita trilhar caminhos no sentido de disputar sua possibilidade de contribuição nessa esfera, bem como desenvolver habilidades e competências que a respaldem a tanto. Nessa linha, os achados de Nogueira (2017, p. 203) em seu estudo corroboram essa perspectiva, conforme segue:

> inicialmente, vale salientar que, no que se refere ao trabalho concreto, útil que se processa neste contexto institucional particular, as normativas incitam [...] que os assistentes sociais mobilizem, cada vez mais, as competências profissionais que se relacionam ao campo do conhecimento coletivo, tendo em vista que o fortalecimento do Ministério Público enquanto indutor de políticas públicas exige e exigirá cada vez mais o domínio de habilidades relacionadas ao planejamento, fundo público e orçamento, bem como uma imersão em áreas de atuação que não são tradicionais na trajetória da profissão no Brasil.

A afirmação de Nogueira (2017) faz sentido quando se identifica que as políticas públicas que se destacam nas recomendações são justamente a saúde e a educação, sendo a segunda a área sobre a qual o Serviço Social tem menor inserção, além disso, os atos internos manifestam preocupação com o financiamento das políticas e a sua implementação. Em suma, está posto o desafio de o Serviço Social constituir os meios de disputar esse espaço de assessoramento e se preparar para tanto. Esse caminho a ser desbravado dialoga com o próximo capítulo deste livro que, sem a pretensão de se constituir em espécie de guia, busca delinear alguns pressupostos conceituais e metodológicos que podem contribuir nessa direção.

2.3 Interfaces do Poder Judiciário com as políticas públicas

O Poder Judiciário, um dos vértices do Sistema de Justiça brasileiro, é considerado um Poder, junto com o Executivo e Legislativo, compondo os Poderes da República do Brasil, porém, se caracteriza pela inércia, ou seja, age somente quando provocado. Assim como o Ministério Público, goza de autonomia institucional, administrativa e financeira.

O Poder Judiciário está organizado em cinco ramos, quais sejam: Justiça Estadual, Justiça do Trabalho, Justiça Federal (juntamente com a Justiça Estadual compõe a chamada Justiça comum, mas voltada para causas atinentes à esfera federal), Justiça Eleitoral (responsável pela realização das eleições e julgamento de questões eleitorais) e Justiça Militar do Estado (responsável por processar e julgar militares dos estados) e da União (responsável por processar e julgar militares das Forças Armadas e civis que cometerem crimes militares conforme previsão legal). Além destas instâncias, há os quatro Tribunais Superiores (órgãos máximos de seus ramos de Justiça, atuando em causas de competência originária e como revisores de decisões de 1º e 2º graus): Superior Tribunal de Justiça (da justiça comum estadual e federal), Superior Tribunal Militar, Tribunal Superior Eleitoral e Tribunal Superior do Trabalho (Brasil, 2018). O Poder Judiciário dispõe nos respectivos níveis de atuação, o Conselho Superior da Magistratura, o Órgão Especial e a

Corregedoria Geral de Justiça. Assim como o Ministério Público, a Justiça dispõe do Conselho Nacional de Justiça (CNJ), criado pela EC n. 45 de 2004, órgão do Poder Judiciário, que visa aperfeiçoar o sistema judiciário, em especial nas frentes de controle e transparência administrativa e processual.

A Justiça Estadual atua em matérias residuais, ou seja, aquelas que não são competência das esferas federais, porém é a que reúne a maior parte da atuação, tanto na área civil quanto criminal. Está presente em todos os estados, sendo que o Distrito Federal e Territórios está vinculado às estruturas da Justiça Federal. Organiza-se em 1º e 2º graus, sendo o primeiro responsável pela primeira decisão, e o segundo é esfera recursal. Além disso, dispõe dos juizados especiais, criados pela Lei n. 9.099/1995, encarregados da conciliação, do processamento e do julgamento de causas de menor complexidade e das infrações penais de menor potencial ofensivo[2]. Ainda, desde 2006, a conciliação é uma política adotada pelo Poder Judiciário, que para sua consecução criou, por meio da Resolução CNJ n. 125/2010, os Centros Judiciários de Solução de Conflitos e Cidadania (CEJUSCs) e os Núcleos Permanentes de Métodos Consensuais de Solução de Conflitos (NUPEMEC), sendo a Justiça trabalhista a que mais se utiliza desses mecanismos, visto que solucionou 25% de seus casos por meio de acordo, ou 38% somente na fase de conhecimento, conforme dados do relatório anual do CNJ (Brasil, 2018). Interessante observar, nesse caso, que esse ramo da Justiça vem sendo ameaçado de extinção no Governo Bolsonaro, no bojo da reforma trabalhista e previdenciária.

O Poder Judiciário está distribuído em 15.398 unidades judiciárias de 1º grau, dos 5.570 municípios brasileiros, 48,4% (2.697) são sedes de comarca estadual.

A grande demanda que chega ao Poder Judiciário fez com que o Conselho Nacional de Justiça (CNJ) instituísse a Resolução n. 194/2014, que trata de dispositivos que favorecem a atuação da Justiça no 1º grau, que concentra

---

2. Causas de menor complexidade: cujo valor não exceda a quarenta vezes o salário mínimo; crimes de menor potencial ofensivo: infrações penais ou contravenções cuja pena não exceda dois anos (Brasil, 2018).

94% do acervo processual, e, após estas, outras que tratam da distribuição de orçamento e pessoal de modo equitativo com a demanda (Brasil, 2018). O Relatório Anual do CNJ informa que, no final do ano de 2017, havia um acervo de 80,1 milhões de processos aguardando solução definitiva, ocorrendo de 2009 a 2017 um crescimento médio do estoque de 4%.

Os dados disponíveis acerca da atuação do Poder Judiciário no Brasil não são elucidativos acerca do objeto da presente análise. Todavia, tomando por base a Justiça Estadual, maior empregadora dos assistentes sociais, tem-se em termos dos assuntos mais demandados ao Judiciário, no ano de 2017, o que segue:

Tabela 1. Assuntos mais demandados no 1º grau, Justiça Estadual, em 2017

Assunto	Nº	%
Direito Civil (obrigações, espécies de contratos)	1.944.996	3,83
Direito do consumidor (responsabilidade do fornecedor/indenização por dano moral)	1.760.905	3,64
Direito tributário (dívida ativa)	1.151.179	2,27
Direito Civil (responsabilidade civil/indenização por dano moral)	1.001.889	1,97
Direito Civil (família/alimentos)	853.049	1,68

Fonte: Dados extraídos de tabelas de Relatório do CNJ (Brasil, 2018)

Observe-se que, devido ao modo como o CNJ organiza os dados disponíveis, não é possível verificar as demandas individuais e coletivas/difusas, nem tampouco aquelas que guardam relação com as políticas públicas. Contudo, sabe-se que os assistentes sociais no Poder Judiciário atuam, de modo geral, nas varas de família e infância e juventude, mais especificamente em matérias de direito individual. Note-se que o Poder Judiciário é um dos espaços sócio-ocupacionais do Serviço Social mais longevo, existente, ao menos, desde a década de 1940, porém, ao que parece, vem mantendo o núcleo duro originário de sua inserção, sendo a interface com as políticas públicas indireta na maioria das vezes. Sobre isso, Terra e Azevedo (2018), discutindo a atuação na Vara da Infância e Juventude, com adolescentes internados devido à prática de atos infracionais, apontam os dilemas atinentes aos distanciamentos com relação a intervenções mais conectadas entre a rede intersetorial, conforme segue:

> [...] embora a previsão normativa das atribuições profissionais contemple um conjunto de atividades, como inclusive preventivas e de articulação de rede, na prática, torna-se um desafio desvencilhar-se do enrijecimento institucional e manter a direção ético-política no cotidiano de trabalho. Para tanto, é relevante apropriar-se do fluxo de atendimento ao adolescente em conflitos com a lei e as condições do trabalho da(o) Assistente Social no FEIJ (Terra; Azevedo, 2018, p. 97-98).

Em que pese essa tendência geral, o assistente social do Poder Judiciário pode ser instado a atuar como perito em matérias que envolvem as políticas públicas. Além disso, o Poder Judiciário dispõe de algumas normativas voltadas para as inspeções em instituições de atendimento, como a Resolução CNJ n. 77/2009 (alterada pela Resolução n. 188/2014), voltada para as instituições de privação de liberdade para adolescentes, e essa atividade pode ser assessorada por profissionais das equipes técnicas, conforme entendimento do Tribunal em cada Estado.

Possivelmente, o maior propositor de ações civis públicas ao Poder Judiciário, em torno da exigibilidade de direitos sociais, é o Ministério Público, mais precisamente na materialização de políticas públicas. São as ações voltadas para impingir a **obrigação de fazer** ao gestor público. Esse ponto de conexão é permeado por um conjunto de críticas ao Poder Judiciário, sendo, a um só tempo, identificado como essencial a sua participação na garantia de direitos e questionada sua posição quando não obriga gestores a efetuarem as políticas necessárias à garantia dos direitos.

Além disso, a judicialização de demandas por políticas públicas é tema controverso e, por vezes, criticado no Ministério Público, por ser considerada meio para procrastinar a resolução do pleito. De modo contraditório, o Poder

Judiciário é espaço para a reclamatória de direitos, sendo acionado com essa finalidade. Sem aprofundar aqui essa temática que requer prospectá-la em diferentes dimensões, o fato é que, ao ser judicializada a reclamação pela materialização de um direito ou sobre o modo como este deve ser ofertado pela política pública, por certo, foram sopesados os aspectos favoráveis e contrários. A assertiva a seguir desvela os senões que envolvem a judicialização:

> [...] aqui, intencionalmente, faremos novo corte metodológico, desejando destacar algumas críticas que, se não nos cabe totalmente, ao menos nos induz à criação de novas alternativas para o desempenho — efetivo — desses novos direitos. O Ministério Público — ao protocolizar ações civis públicas — seja pelo tempo natural do processo, seja pela pouca afinidade dos operadores jurídicos no manejo dos novos institutos, seja pela crescente perspicácia dos infratores em procrastinar a tramitação processual ou mesmo em desfazer dos seus bens, seja pelas incessantes tentativas — legais, doutrinárias e jurisprudenciais — de ceifar as atribuições institucionais, está — ainda que de forma incipiente — experimentando orla diminuta de falta de credibilidade. Com isso, desde logo, almejamos enxergar na atuação ministerial instrumentos que, não necessariamente, devam culminar com a propositura das ações civis públicas, vale dizer, a provocação da tutela jurisdicional do Estado não deve surgir como possibilidade única para o exercício do seu mister constitucional. Temos de, definitivamente, reconhecer que a nossa missão não se esgota na propositura dessas ações que, em algum momento são úteis e adequadas, noutros, estão a servir apenas aos nossos bancos de dados e às estatísticas de produtividade, para não dizer, data vênia, como uma incompleta prestação de contas à sociedade (Rocha, 2003, p. 167).

Um dos imbróglios que cerca a judicialização é o tema da **obrigação de fazer e a reserva do possível.** A obrigação de fazer se relaciona à compulsoriedade para o gestor público quanto à materialização de direitos que estão previstos na lei. É o que assevera Oliveira (1996, p. 677) a seguir:

> [...] na atualidade, cada vez mais se aprimoram os mecanismos judiciais de fiscalização do Poder Público pelo Poder Popular. Não é uma forma de inviabilizar

a administração, ao contrário, é um exercício de aprimoramento. É a única maneira de transcendermos da sociedade mistificada à sociedade necessária. Por isso, a administração pública, em qualquer de suas manifestações, Federal, Estadual ou Municipal, está sujeita, se for o caso, ao ônus da condenação na obrigação de fazer que o magistrado, prestador da jurisdição, lhe impuser.

Bronzeado (1998) também entende que a obrigação de fazer é inquestionável nos casos em que a omissão do administrador provoca danos efetivos à população. Livianu (1998) desvela que um dos argumentos do Poder Judiciário para não adotar posição que obrigue a fazer é o equilíbrio entre os Poderes. Ao mesmo tempo, acrescenta que a obrigação de fazer sustenta o regime democrático. Para Cassiolato (2005), o Poder Judiciário tem modificado seu comportamento quanto ao posicionamento de atuar ou não frente a atos administrativos do Poder Público, adotando postura mais ativa, o que tem ocorrido sem nenhum prejuízo à harmonia entre os Poderes, utilizada como argumento para a não atuação judicial.

Sobre as fronteiras entre os três Poderes, sugerida nas posições expressas no parágrafo anterior, Taylor (2007, p. 249), estudioso sobre o Poder Judiciário, adverte que

> [...] embora o conceito da separação dos poderes conduza a três instituições claramente distintas, as funções judiciais, legislativas e executivas dessas instituições não são caprichosamente separadas em nítidas caixas institucionais como às vezes supomos.

A judicialização de demandas por políticas sociais, para Martins (2003), é pressuposto do Estado Democrático de Direito, devendo o juiz identificar o interesse público e pautar sua decisão no macrossistema jurídico:

> Nesse sentido, embora se reconheça que, evidentemente, de um modo geral os direitos sociais devem realizar-se mediante políticas, a questão que fica e que merece ser enfrentada é: será possível, diante da omissão ou deficiência de medidas políticas, quer legislativa, quer administrativas, em determinado

caso concreto, a realização de direitos sociais mediante controle judicial constitucional? A resposta, diga-se de plano, é sim, pois só o controle judicial (em especial o difuso) da constitucionalidade tem potencial de implementação de um Estado verdadeiramente democrático e social (Martins, 2003, p. 283).

Taylor (2007), em análise sobre as diferentes formas de o Judiciário influir nas políticas públicas, cita quatro dimensões: 1) sobre o *timing* da intervenção do Judiciário nas políticas públicas, revela que ele ocorre precocemente, ainda no seu processo de elaboração, quando juízes influenciam no processo de elaboração das políticas, sinalizando preferências e as fronteiras que as mudanças provocadas podem atingir, ao mesmo tempo em que podem agir no momento da implementação, atrasando a deliberação de determinada política; 2) sobre as motivações dos juízes, que acabam por ser condicionantes de suas intervenções; 3) o juiz não é o único ator relevante na judicialização das políticas públicas, pois depois de implementadas elas podem ser contestadas por diversos atores da sociedade política e civil; 4) os tribunais têm tido pouco impacto nas políticas públicas, em geral agindo de modo reativo, mas mesmo assim há um impacto, ainda pouco estudado pelas ciências sociais, sendo questionado o porquê de o Executivo atender a decisões do Judiciário, ao que sugere a hipótese da alternância no poder como motivador, uma espécie de autorregulação, pois, em caso de estar na oposição, também contaria com o recurso do Judiciário ou, ao não ter negativas do Poder Judiciário, consideraria como uma anuência às políticas em curso.

A análise de Taylor (2007) expressa a complexidade da atuação do Poder Judiciário, e não deixa dúvida sobre a sua influência no processo de elaboração e de implementação de políticas públicas em questão. Devido às características adversariais que conformam o Poder Judiciário, os desfechos acerca das demandas por política pública não raras vezes são cercados por imprecisões, equívocos, uma vez que, dadas as características das políticas públicas, o mais produtivo seriam decisões pautadas em negociações e construções de acordos entre os litigantes.

No bojo das contradições que cercam a judicialização das demandas por políticas sociais, é relevante o conceito da **reserva do possível**, haja vista que vem sendo utilizado para a negativa de pleitos judicializados. O conceito surgiu na Alemanha, na década de 1970, e enseja a ideia de que devem existir os recursos para a efetivação do pedido, a disponibilidade jurídica para dispor dos recursos e a razoabilidade do pedido. Para tanto, o Poder Público deve comprovar a insuficiência de recursos, bem como de que os aplica eficientemente. Todavia, uma das críticas ao Poder Judiciário ao evocar a reserva do possível para rechaçar demandas às políticas públicas é a de que é usada genericamente evitando a intervenção judicial nos direitos sociais (Wang, 2009).

Ainda, deve-se destacar que a atuação do Poder Judiciário no campo das políticas públicas é extremamente complexa, haja vista que envolve o fundo público, conceitos, diretrizes, processos metodológicos que estão muito distantes dos conhecimentos da área do Direito. Nessa contextura, o Serviço Social pode ser chamado a participar do processo judicial, como perito, quando o Juiz requisita a perícia técnica, com isso, nomeia o assistente social como perito; como assistente técnico do Ministério Público, em ações possivelmente aforadas pela Instituição; assim como na condição de assistente técnico da parte.

Ao percorrer alguns traços da Defensoria Pública, do Ministério Público e do Poder Judiciário, embora com matizes diferentes, observa-se a conexão destas instituições com as políticas públicas e, com isso, o espaço que se apresenta ao Serviço Social para atuar nesses processos na perspectiva da garantia e ampliação de direitos.

Capítulo 3
As possibilidades de afirmação e expansão de direitos a partir da avaliação de políticas públicas no Sociojurídico

A trajetória percorrida até aqui demonstra os (des)caminhos das políticas públicas no Brasil, evidenciando o quanto estas foram desenhadas com maior profundidade e detalhamento nas duas últimas décadas. Ao mesmo tempo, foram sinalizados os riscos a que o Brasil está submetido do ponto de vista da materialização de direitos, haja vista a eleição de projeto ultraliberal que, além de políticas econômicas draconianas contra os mais pobres e os estratos médios da sociedade, se alimenta de concepções retrógradas acerca dos direitos humanos e do conjunto da vida social da população brasileira.

As políticas neoliberais, ao orientarem-se centralmente pela retração do Estado, abrindo espaços para a extensão das relações mercantis, se chocam diretamente com os interesses públicos e com os direitos universais da grande maioria dos cidadãos. Ao combinar-se com políticas sociais focalizadas, emergenciais, setoriais, que em nada diferem das políticas assistencialistas, elas atentam diretamente contra os direitos, especialmente daqueles que dependem da esfera pública, da afirmação de direitos universais para terem acesso aos bens fundamentais (Sader, 2004, p. 9).

Desse modo, o contexto no qual se produz este livro requer ações voltadas para a resistência, sendo improvável vislumbrar em curto ou médio período perspectivas de ampliação de direitos. Exatamente por isso, a atuação dos assistentes sociais em aliança com seus pares, comprometidos com a defesa e a exigibilidade dos direitos humanos, é de vital importância diante da perspectiva de desmonte e focalização das políticas públicas.

Nesse caso, as instituições do Sociojurídico, as quais não se mostraram isentas nos acontecimentos que precederam à eleição de Bolsonaro, ao contrário, parte de seus membros foram ativos defensores desse projeto, serão desafiadas pela sociedade a se posicionarem diante da ameaça aos direitos. Observa-se que, no âmbito do Ministério Público, objeto de estudos da autora, há uma forte tensão/pressão para deslocamento da hegemonia institucional em direção a visões mais conservadoras e, por que não dizer, retrógradas. Com isso, vislumbra-se a necessidade de alianças internas e externas que permitam o fortalecimento dos movimentos de resistência, em defesa da democracia, dos direitos humanos e de sua materialização na vida de todos os brasileiros.

À luz desse cenário e das atribuições e papéis sociais das instituições que conformam o núcleo duro do Sistema de Justiça são tecidas as próximas reflexões, as quais visam dialogar com os processos de trabalho concretos dos assistentes sociais nessas instituições. Por isso, a primeira parte do texto dedica-se a tecer alguns pressupostos ou diretrizes que podem ser úteis tanto para os processos de avaliação de instituições de atendimento, quanto de políticas públicas, pois mais gerais e com a potência de conferir qualidade política para a intervenção do Serviço Social. Nas partes seguintes, são abordados aspectos específicos das avaliações de políticas públicas e de instituições de atendimento.

3.1 Algumas diretrizes para a avaliação de políticas públicas pelos assistentes sociais no Sociojurídico

Em primeiro plano, é preciso afirmar que o Serviço Social é uma profissão, das ciências sociais aplicadas, habilitada a intervir no campo da avaliação, planejamento e monitoramento das políticas públicas. A ampla formação do assistente social o habilita ao domínio dos conceitos que perpassam as políticas e, principalmente, ao conhecimento e desenvolvimento de suas metodologias interventivas. Além disso, o Código de Ética do(a) Assistente Social elenca diversos princípios, de modo que alguns deles são aqui destacados pela sua importância no trabalho profissional na avaliação de instituições de atendimento e de políticas públicas: a defesa da democracia e do compartilhamento dos bens socialmente produzidos; a defesa da liberdade, da autonomia, da emancipação e expansão dos indivíduos; a defesa dos direitos humanos e a recusa do autoritarismo; a ampliação da cidadania; a defesa da justiça e da equidade; a defesa do acesso universal da população às políticas públicas, aos seus serviços, a sua gestão; favorecer a eliminação de preconceitos e defender a diversidade. Nessa esteira, a seguir serão abordadas, de modo breve, algumas diretrizes para os processos avaliativos.

Considerando os princípios do Código de Ética profissional e os fins dos processos de trabalhos que envolvem a avaliação de políticas públicas e instituições de atendimento, sugere-se, sempre que possível, **o agendamento de entrevistas e visitas institucionais, para a realização das avaliações.** O agendamento prévio permite que o profissional informe à instituição quais profissionais pretende entrevistar, dando as condições para que estes possam se organizar para tanto. Também, com o agendamento prévio, o grau de interferência nas rotinas diárias das instituições é menor, causando menos prejuízo, especialmente, à população atendida. Visitas e entrevistas sem agendamento somente são indicadas em casos de denúncias de graves violações de direitos humanos, como cárcere privado. Desse modo, são cabíveis em situações nas quais uma determinada situação específica objeto de avaliação precisa ser preservada para sua constatação e providências. Com isso, importante ressaltar que o trabalho do assistente social se diferencia daquele desenvolvido por agentes policiais e congêneres, sendo a abordagem desenvolvida pelo profissional balizada pelo respeito e isenta do uso de mecanismos coercitivos.

Quando forem realizadas avaliações em conjunto com profissionais de outras áreas, inclusive Juízes, Promotores de Justiça e Defensores Públicos, é indicada a discussão prévia de papéis/atribuições e modos de abordagem, pois tais "operações" — não incomuns — costumam elevar os níveis de estresse dos usuários e trabalhadores nas instituições visitadas.

Sabe-se que, muitas vezes, quando o assistente social recebe a demanda pela avaliação de um determinado tipo de instituição ou de política pública, tem dúvidas por onde começar o trabalho, o que fazer, de que modo. Embora o Serviço Social tenha poucos anos de intervenção no Ministério Público, em que, hoje, se concentra a maior demanda por esse tipo de avaliação, já se tem alguns caminhos percorridos que permitem elaborar uma síntese provisória, para que outros, posteriormente, deem passos avante. Assim, cogita-se construir algumas **diretrizes**, ou seja, orientações, rumos que auxiliem nessa caminhada, longe de se constituírem em "camisas de força", mas em "estoques" construídos ao longo do trajeto, com erros e correções de rota.

Para qualquer trabalho avaliativo, é **indispensável olhar a história: da política, da instituição, do processo judicial, do expediente na Promotoria de Justiça ou na Defensoria Pública.** Aquela dada realidade que será conhecida não foi sempre do mesmo modo, não faz parte da natureza. Para Löwy (1978), a historicidade é o motor do método, o seu centro, na medida em que remete a uma determinada época histórica, a homens concretos, sujeitos da sua história, em uma sociedade historicamente determinada.

Desse modo, para a história ser conhecida minimamente, é preciso acessar documentos das Instituições, como seus planos de trabalho, além de ouvir as narrativas que contam o "já sido". A apropriação, mesmo que sumária, da história daquela política pública em determinado município ou de uma peculiar instituição favorece delinear perspectivas de futuro que possam vir a ser sugeridas e pactuadas. Esse movimento permite identificar erros estratégicos cometidos, correlações de forças do passado que interferiram positiva ou negativamente em decisões tomadas, entre inúmeras outras possibilidades. Ademais, as instituições do Sistema de Justiça costumam, muitas vezes, tecer caminhos erráticos em seus expedientes ou processos, com repetição de documentos, informações, sem mecanismos de planejamento acerca da condução de determinada querela. Dessa maneira, a retomada da história, no caso pontual do expediente ou processo, poderá favorecer tomada de decisões mais acertadas e a colocação de pontos de luz nos momentos em que as intervenções foram (des)favoráveis na perspectiva de avanços na garantia de direitos.

Além da história, é preciso conectar o estudo proposto aos movimentos que se desenrolam no tempo presente, ou seja, ao **contexto**, ou melhor, à **conjuntura**. A análise de conjuntura pode ser definida como um mapa dinâmico da realidade, onde é traçada uma cartografia das forças econômicas, políticas, sociais da estrutura e superestrutura da sociedade (Alves, 2008). Mesmo que o relatório da avaliação tenha um foco específico, a compreensão dos movimentos e das forças em disputa na conjuntura guiará o profissional com relação às alianças a constituir no processo de avaliação, nas sugestões, nas táticas e estratégias necessárias para constituir o processo de coleta de dados, de interpretação e de compartilhamento da informação (devolutiva).

> A realidade multifacetada muda se olharmos de prisma diferente. Numa sociedade de classe, composta por grupos que possuem interesses antagônicos no interior do processo produtivo, o ponto de vista de classe, não muda a interpretação do real, mas leva a alternativas diferentes de ação e a projetos diferenciados de intervenção social. Isto não quer dizer que existam várias realidades, mas sim que existem várias alternativas de ação frente a uma determinada realidade (Alves, 2008, p. 1).

Pode-se vislumbrar, na atual conjuntura de restrição de direitos e de inclinação conservadora da sociedade, que as políticas públicas tenderão a retrocessos quanto ao cerceamento de direitos ou a perspectivas mais obtusas de entendimento da vida social. Aliado a isso, tem-se a busca dos profissionais por normalização dos processos de trabalho, assimilando violações de direitos como a norma. Nesse caso, a atuação das equipes técnicas do Sistema de Justiça pode ser determinante quanto à contraposição aos movimentos de normalização, situando as violações no seu viés perverso e desumano.

Muitos exemplos podem ser lembrados nessa corrente retrógrada, citam-se alguns para que se possa cogitar por quais vias escorrerá o caldo do retrocesso. As instituições de privação de liberdade, tanto para adultos quanto para adolescentes, historicamente, estão eivadas de perversidades e ausência de direitos, sendo compreendido de modo geral, até mesmo por trabalhadores do Sistema, que é preciso punir mais e de que não basta a privação de liberdade. No atual cenário, crescem ideias como a de que "bandido bom é bandido morto", havendo uma evidente alusão aos linchamentos, bem como a eventos bárbaros dentro de instituições prisionais, sem que isso desperte, no pensamento médio da sociedade, contraposição. Grande parte disso, chancelado pelo Executivo Federal, já que, recentemente, foi apresentada à sociedade proposta de alteração legislativa, pelo Ministro da Justiça, Sergio Moro, que respalda a violência policial, além de métodos até então ilícitos para coleta de provas, entre outras medidas típicas de um Estado Penal. Portanto, defender os direitos dos sujeitos privados de liberdade ou das populações consideradas "perigosas" será tarefa ainda mais árdua, assim como as banalizações já existentes quanto a diversos aspectos, como a naturalização da prática de os adolescentes se alimentarem dentro das celas e não nos refeitórios, tendem a se sedimentar.

As ideias segregacionistas tendem a avançar, pois junto à normalização, há a homogeneização, ou seja, a perspectiva de encapsular o social em padrões homogêneos, em termos raciais, sexuais, econômicos e políticos. Essa tendência se fará presente em diferentes políticas e serviços, não obstante, algumas áreas sensíveis, a saber: a política de educação especial na perspectiva inclusiva. Essa diretriz vinha em execução em todo o país, primando pela inclusão de crianças e adolescentes com altas habilidades, deficiências e transtorno global do desenvolvimento na escola regular, não sem críticas ou resistências. Pois bem, sabe-se que se discutem alterações normativas, retrocedendo desta direção e reforçando a escola especial.

Avaliação de políticas públicas e garantia de direitos 91

Assim, podem ser identificados dois âmbitos de desafios à Proteção Social: um primeiro, relacionado à exigência de políticas públicas que materializem os direitos previstos em lei, e um segundo, relacionado ao modo como são implementadas tais políticas, o tipo de acesso existente à população, suas metodologias de intervenção, as relações entre Estado e sociedade civil.

Nessa linha, a tendência geral é de reforço a todas as perspectivas asilares, prisionais, segregacionistas, pois a normalização requer afastar do convívio a heterogeneidade "assustadora", diante das tantas possibilidades do humano, e aprisioná-la em local "apropriado" para sua "reforma". Atualiza-se o prognóstico de Foucault (2003, p. 123):

> Parece-me que a prisão se impôs foi porque era, no fundo, apenas a forma concentrada, exemplar, simbólica de todas estas instituições de sequestro criadas no século XIX. De fato, a prisão é isomorfa em tudo isso. No grande panoptismo social cuja função é precisamente a transformação da vida dos homens em força produtiva, a prisão exerce uma função muito mais simbólica e exemplar do que realmente econômica, penal ou corretiva. A prisão é a imagem da sociedade e a imagem invertida da sociedade, imagem transformada em ameaça.

As novas formas de prisão tenderão a crescer! O Ministério da Saúde já prospecta investir nas comunidades terapêuticas e, ao mesmo tempo, retira recursos dos Centros de Atendimento Psicossocial que propõe estratégias de atenção comunitárias, vinculadas ao território e à família.

Assim, a avaliação de políticas públicas e instituições de atendimento não pode se descolar da leitura da conjuntura, sob pena de seu resultado tornar-se um documento tecnicista desprovido de posicionamento político, ou seja, de direção social na perspectiva da defesa e da garantia de direitos humanos. Do mesmo modo, os documentos técnicos não podem ter apreço excessivo pela legislação, pois conforme se discutiu no primeiro capítulo deste livro, a lei não é perene, ela é fruto das disputas postas na arena da esfera pública, com as contradições e os movimentos das lutas de classe e dos segmentos. As décadas, após a Constituição Federal, foram profícuas na elaboração de legislações, muitas delas, alinhadas com a ampliação de direitos civis, políticos, sociais, ambientais, culturais, entre outros, todavia, a conjuntura se modificou. Como foi trazido aqui, sopram ventos que desconstituem direitos. Então, é preciso conhecer a realidade, interpretá-la e intervir a partir dos fundamentos teóricos e metodológicos que norteiam o projeto ético-político-profissional.

Tendo como solo a história, como horizonte a conjuntura, é preciso lançar o olhar para o corpo das políticas públicas e constituir alguns pontos de apoio para o processo de conhecimento/interpretação/intervenção.

Inicia-se pelo tema das **necessidades humanas**, pois, ao fim e ao cabo, as políticas públicas devem estar conectadas às necessidades da população. Pereira (2006), em obra dedicada à análise do tema das necessidades humanas, discute que esta categoria se presta a múltiplas interpretações, algumas delas subjetivistas e relativistas, que advogam não haver necessidades coletivas que sirvam de parâmetro para a constituição de políticas públicas, propondo o mercado para satisfação de necessidades que, nessa visão, são individuais e subjetivas. No sentido oposto, há correntes que defendem um conceito objetivo e universal de necessidades humanas básicas, que contemple a dimensão natural e social dos seres humanos, com a manutenção da vida física e da autonomia. Pereira (2006), com base nos estudos de Doyal e Gough, enumera necessidades humanas intermediárias, quais sejam:

> [...] a. alimentação nutritiva e água potável; b. habitação adequada; c. ambiente de trabalho desprovido de riscos; d. ambiente físico saudável; e. cuidados de saúde apropriados; f. proteção à infância; g. relações primárias significativas; h. segurança física; i. segurança econômica; j. educação apropriada; l. segurança no planejamento familiar, na gestação e no parto (Pereira, 2006, p. 76).

Além daquelas que poderiam ser tidas como necessidades humanas que permeiam a vida de todos os seres humanos, há outras que estão vinculadas a determinado ciclo de vida, por isso a um segmento particular, como mulheres, crianças, jovens, pessoas com deficiência, idosos, pessoas submetidas à discriminação racial, sexual, entre outras.

Estes grupos, afirmam eles, estão, na verdade, sujeitos a um *adicional* de ameaças e riscos que tornam mais sofrida a sua existência física e autonomia, requerendo também por isso um *adicional específico* de *satisfiers* (Pereira, 2006, p. 85).

O debate sobre as necessidades humanas é essencial para a avaliação de políticas públicas ou instituições de atendimento, pois estas existem para a satisfação de necessidades humanas, demandadas socialmente, legitimadas ou não pelo prisma legal. Ocorre que, com muita facilidade, as instituições se voltam para suas dinâmicas e lógicas endógenas, deixando em segundo plano as necessidades humanas que deveriam orientar o seu funcionamento. Legitimadas por justificativas técnicas e estruturadas, ao longo de anos, muitas vezes, as lógicas das políticas desconhecem ou se contrapõem às necessidades de seus usuários. Os exemplos são inúmeros, mas permitem reconhecer a sutileza das distorções.

Algumas instituições de atendimento a pessoas com problemas decorrentes do uso de álcool e outras drogas, comumente, estabelecem regras para o acesso aos serviços que preveem que pessoas faltantes em três consultas sejam excluídas. Ocorre que justamente pessoas com esse tipo de problema, provavelmente, faltarão às consultas, necessitando de estratégias de atendimento abertas e que prevejam, inclusive, a busca ativa. Crianças e adolescentes em serviços de acolhimento institucional, frequentemente, são transferidos de suas escolas de origem para outra na qual estão todos ou a maioria dos acolhidos para fins de facilitar o traslado diário. Idosos têm horários preestabelecidos de banho, de modo que facilite a logística dos cuidadores, sem considerar hábitos, histórico, preferência e autonomia dos residentes. Como pode ser observado, são muitas as situações nas quais a necessidade do público atendido é secundarizada, quando não desprezada, dando lugar aos arranjos que favorecem à dinâmica institucional. Desse modo, o conhecimento sobre as necessidades humanas de cada segmento ou população é essencial para a avaliação dos serviços prestados.

Quanto ao **desenho das políticas públicas**, é notória a **mercadorização** destas, ou seja, a inserção e representação dos interesses do mercado no âmago das políticas públicas, movimento que se acentua desde 2016, com a restrição do orçamento público e deslocamento de serviços para a esfera privada. Um dos efeitos mais perversos desse movimento é a perda de expertise por parte do Estado, já que muitos programas, hoje, estão sendo executados plenamente por instituições privadas sem fins lucrativos. Ademais, é possível afirmar que a ausência do controle do gestor público e do próprio controle social tem feito com que a política pública se torne privatizada, sofrendo fortes influências das missões e processos históricos que permeiam as organizações da sociedade civil, cada vez mais incumbidas de executar "políticas públicas".

Especialmente as políticas de educação e saúde estão, na atual conjuntura, na centralidade dos processos de privatização e mercadorização dos bens e serviços por elas produzidos. Na corrente neoliberal que sustenta esse movimento, estas passam a ser objetos de consumo individual, perdendo a densidade dos projetos societários coletivos aos quais estão vinculadas como direito humano. No caso da Educação, Souza e Villanova (s/d, p. 4) ilustram os resultados nefastos dessa tendência:

> [...] a concepção neoliberal para o processo educativo se coloca cada vez mais distante do projeto de um sujeito livre, pois, a educação somente voltada para as supostas "competências", leva esse sujeito a não se perceber como parte de um todo social. Assim, sua vida passa a girar somente em torno das dimensões: trabalho, produto, mercadoria, "performances", entre outras, perdendo-se em um labirinto individualista e consumista.

Isso remete aos efeitos, nos processos educacionais, dessa corrente de pensamento, não somente com relação ao tipo de educação proposta — de cunho tecnicista, desprovida do pensamento crítico, como um produto e ser consumido —, mas nos meios pelos quais o mercado pode participar do fundo público. Desse modo, ampliam-se a cada dia as possibilidades de participação do privado no fundo público da educação, quer pela venda de apostilas e projetos de formação para as prefeituras municipais, quer pela adoção de escolas por empresas. Laval (apud Costa, 2004), estudioso acerca do neoliberalismo e educação, desvela em sua obra, além do direcionamento da educação para a produção de um ser humano preparado para os requisitos do mercado, também todo o movimento do capital. Este age por meio de sutilezas travestidas em interesse pela educação, que visam, sobretudo, acelerar os processos educacionais e introduzir tecnologias na educação, tornando secundária a formação global e cultural do aluno. Também, o autor elucida o repertório de produtos educacionais surgidos nos últimos anos, como os sistemas apostilados, treinamento rápido de métodos, educação à distância, produtos tecnológicos, patrocínio de grandes empresas em eventos das escolas.

Essa rápida incursão na Política de Educação é efetuada apenas com o objetivo de ilustrar como se processa a mercadorização das políticas públicas, sua privatização ou refilantropização, no sentido de que a leitura atenta desses movimentos é essencial para a avaliação das políticas públicas. O assistente social, por meio da avaliação, pode elucidar tais movimentos e produzir argumentos que favoreçam o papel do Estado e a assunção de suas responsabilidades.

Discutiu-se até aqui o avanço do mercado em direção ao fundo público. Eis um tema bastante estranho aos assistentes sociais. De modo geral, os estudos da categoria profissional, com relação às políticas públicas, voltam-se para as características e funcionamento destas, mas o **financiamento das políticas públicas** ainda é visto com grande distanciamento. Desse modo, propõe-se o financiamento da política pública como diretriz os processos avaliativos. Não se trata de trabalho que colida com outras áreas do conhecimento, como a contabilidade e a economia, que, muitas vezes, compõem as equipes de assessoria, especialmente das instituições do Sistema de Justiça, mas se sugere o domínio de alguns aspectos, como os mínimos constitucionais previstos para algumas das políticas, as peças orçamentárias (Plano Plurianual — PPA, Lei de Diretrizes Orçamentárias — LDO, Lei Orçamentária Anual — LOA), os sistemas de transferências entre os entes federados, os fundos das políticas públicas, os mecanismos, inclusive, eletrônicos, disponíveis nos

Tribunais de Contas, em particular nos Estados, com informações acerca do uso do fundo público. Estes são temas que devem fazer parte da formação continuada dos assistentes sociais. O financiamento é condição *sine qua non* para a materialização das políticas públicas.

> [...] ainda que a análise da implementação de uma política social não possa se dar apenas pela via da execução orçamentária, sabemos que esta é condição para que aquela se efetive e garanta o acesso do cidadão aos bens e serviços públicos. Sem recursos não há política social. Pode até haver propostas e intenções que independam da existência de financiamento, mas a materialidade dos programas, projetos e serviços requer a aplicação de recursos constantes e regulares. Assim, o monitoramento dos gastos com políticas e programas sociais é importante (mas não único) mecanismo de exercício de controle social (Boschetti; Teixeira; Dias, 2006, p. 72).

Para Salvador (2012), a questão que se coloca não é somente de como se compõe ou é gerido o fundo público, mas sua participação na manutenção do próprio capitalismo.

> No capitalismo contemporâneo, o fundo público exerce uma função ativa nas políticas macroeconômicas, sendo essencial tanto na esfera da acumulação produtiva quanto no âmbito das políticas sociais. O fundo público tem papel relevante para a manutenção do capitalismo na esfera econômica e na garantia do contrato social. O alargamento das políticas sociais garante a expansão do mercado de consumo, ao mesmo tempo em que os recursos públicos são financiadores de políticas anticíclicas nos períodos de refração da atividade econômica (Salvador, 2012, p. 5).

O autor, ainda, refere que o orçamento é a parte visível do fundo público, indo além da sua estrutura contábil, sendo essencial para compreender a política pública, pois expressa a correlação de forças, os interesses entre os envolvidos, refletindo a importância de cada política em dado contexto histórico. Ainda, Salvador (2012) argumenta que, no Brasil, são os pobres que sustentam o fundo público, via impostos sobre os salários e tributos indiretos, e sua apropriação ocorre pelos mais ricos, por meio da transferência de recursos para o mercado financeiro e para a acumulação do capital, o que favorece a concentração de renda, mencionada no primeiro capítulo.

As políticas reguladas, saúde e educação, absorvem ao menos 40% das receitas municipais, sendo 25% para educação e 15% para a saúde; já as políticas não reguladas, ou seja, sem previsão orçamentária mandatória, dependem da disputa pelos recursos.

Nesse sentido, propõe-se a verificação de aplicação dos mínimos constitucionais; a consonância entre os planos plurianuais das políticas e as respectivas peças orçamentárias, pois caso não haja os desdobramentos de objetivos e metas em valores financeiros a serem despendidos, dificilmente a política alcançará os objetivos perseguidos; por fim, se todos os programas e serviços propostos constam no PPA e LOA.

Outra dimensão das políticas públicas, imprescindível em termos de diretrizes, é compreendê-las a partir da **intersetorialidade**. Em estudos da autora sobre o Sistema de Proteção Social Brasileiro, constata-se que este

> se caracteriza por ampla heterogeneidade institucional, assim como não possui ainda uma identidade como sistema, ou seja, as distintas políticas que o deveriam compor não se reconhecem como parceiras institucionais (Tejadas, 2012, p. 120).

Todavia, partindo do pressuposto de que as necessidades humanas possuem elevado grau de conexão, não é possível cogitar sua satisfação sem a interdependência entre as políticas públicas. Desse modo, todos os roteiros que nortearão processos de conhecimento sobre as políticas públicas e instituições de atendimento deverão conter questões norteadoras relacionadas à intersetorialidade, o que permitirá avaliar a flexibilidade, abertura e os processos concretos de interface dos trabalhos. Ainda, é preciso compreender que atuar nessa perspectiva é se posicionar na contracorrente das políticas públicas, pois como pontuam Cardoso Júnior e Jaccoud (2005, p. 194),

[...] o processo de construção do novo sistema de proteção social implica a emergência de novas tensões, na medida em que se atribui ao Estado responsabilidades que não são todas referentes aos mesmos princípios de proteção social ou de regulamentação institucional.

Os estudiosos desenham o Sistema de Proteção Social brasileiro em quatro grupos, quais sejam: eixo do trabalho e emprego (foco principal no assalariamento e algumas iniciativas com relação ao trabalho rural de subsistência), assistência social e combate à pobreza (foco no combate à fome e transferência de renda), direitos incondicionais de cidadania social (saúde como direito universal e educação, com o ensino fundamental como universal) e infraestrutura social (habitação, saneamento e transporte coletivo urbano, com relevância social, porém insuficiente garantia legal de acesso). Nesse caso, o processo histórico de constituição das políticas no Brasil é extremamente fragmentado, visto que estas não utilizam a mesma base de dados; muitas vezes, não se valem das mesmas coordenadas de georreferenciamento, adotando recortes territoriais distintos em um mesmo município; não compartilham de pressupostos conceituais dialogados. Os ambientes, em especial nos municípios, *locus* de prestação de serviços aos residentes, com frequência, são contaminados pela competitividade, pela (des)responsabilização, pela disputa do fundo público sem a construção de projetos de governo compartilhados.

Nesse sentido, Sposati (2004), debatendo a identidade da política de Assistência Social, propõe a articulação intersetorial de necessidades e de conhecimentos. A intersetorialidade quanto ao conhecimento da realidade se refere à produção articulada de informações sobre as determinações intersetoriais na produção das necessidades sociais; já a intersetorialidade na ação implicaria articulação que possibilite potencializar ações e resultados.

A intersetorialidade desafia a gestão pública ao deslocamento de seus núcleos de poder, para perspectivas mais horizontalizadas, pois como apontam Bronzo e Veiga (2007, p. 12):

[...] a noção de intersetorialidade situa-se em um contínuo que abrangeria desde a articulação e coordenação de estruturas setoriais já existentes até uma gestão transversal, configurando formas intermediárias e arranjos organizativos que expressam a intersetorialidade de baixa ou de alta densidade.

As autoras propõem recursos estruturados em dois eixos para a efetivação da gestão transversal: o conhecimento relacionado à capacidade de análise e formulação de estratégias e a capacidade relacional. A gestão transversal oferece visibilidade horizontal à organização, mas sem perder a qualidade técnica e a especialização. Para um arranjo político organizacional descentralizado e intersetorial, as autoras sugerem três linhas: a decisão política por meio de consensos e pactuações de compromissos relevantes, evitando o loteamento da administração local; desdobramentos da decisão política com realocações de recursos financeiros e humanos, com instrumentos de gestão apropriados ao novo arranjo, redefinindo os marcos institucionais; alterações na lógica de operação e no processo de trabalho, estabelecendo novos fluxos, integrando sistemas de informação, entre outros, planejando de modo intersetorial.

Desse modo, o processo de avaliação da política pública deve considerar esse indicador, ou seja, como se organiza a articulação intersetorial, quais os limites que sua ausência ou insuficiência impõe; quais as estratégias adequadas para a ampliação da intersetorialidade.

Importa aos processos avaliativos de políticas públicas, ainda, considerar duas diretrizes articuladas que emanam da Constituição Federal de 1988, quais sejam, a **descentralização e a participação popular**. Além de estarem presentes na Carta Magna, tais diretrizes figuram, também, nas legislações infraconstitucionais, criando competências comuns e concorrentes, o chamado federalismo cooperativo. Interessante observar que nesse arranjo cooperativo, cabe à União papel de destaque, como normatizadora das políticas; aos municípios, o *locus* da execução; restando aos estados, lugar secundarizado, já que, comumente, ocorre a relação direta entre o ente federado e o município.

As competências comuns entre as três esferas estabelecidas pela Constituição passaram a caracterizar as mais consolidadas áreas sociais: saúde, assistência social, educação, habitação e saneamento. Contudo coube à legislação infraconstitucional a regulação desse processo em cada política, permitindo que a descentralização assumisse significados e conteúdos distintos, que variavam no que diz respeito à distribuição de responsabilidades e ao padrão de financiamento, transferência e do controle de recursos (Jaccoud, 2009, p. 76).

Em todas as políticas públicas é notória a queixa dos entes municipais com relação aos efeitos da descentralização das políticas para a esfera municipal, tal a responsabilidade assumida por esta na execução das políticas e a sobrecarga, resultando, especialmente quanto aos recursos necessários para a sua implementação, na insuficiente contrapartida dos demais entes. Por isso, é corrente entre os gestores municipais a reivindicação da reforma tributária, de modo que os recursos sob a responsabilidade do município acompanhem as demandas por políticas públicas. Para além do desafio acerca da insuficiência orçamentária, Beretta e Martins (2004) discutem elementos distintos, como o amadurecimento técnico, administrativo e operacional. É observável nos processos de conhecimento da realidade das políticas públicas a identificação desse tipo de lacuna, que envolve saberes e desenvolvimento de processos técnicos e políticos para gestão municipal.

Nesse contexto, as autoras mencionadas situam os processos heterogêneos a partir dos quais vem ocorrendo a descentralização no Brasil, atribuem o referido fenômeno ao fato de que esse movimento guarda relação com a capacidade de cada município para enfrentamento desse desafio, da sua dinâmica política e social, das pressões da sociedade civil sobre os governos e da proposta política de cada gestão. Articulam à descentralização os processos de democratização das relações entre Estado e sociedade civil, conforme segue:

[...] o papel do governo local é intermediar o contrato político entre as instituições públicas e a sociedade civil, por meio da viabilização da participação popular. As participações na gestão e na formulação de políticas sociais se efetivam via obrigatoriedade da implantação de conselhos municipais, onde o poder compartilhado será dividido entre representantes da sociedade civil, governo local, trabalhadores e a existência dos fundos municipais setoriais, para o efetivo repasse de recursos financeiros dos recursos públicos (Beretta; Martins, 2004, p. 75).

Desse modo, a descentralização político-administrativa, diretriz constitucional, guarda relação com os processos de **participação popular** que implicam também em movimentos em prol do compartilhamento do poder na gestão pública.

No período após a Constituição Federal, houve movimento importante de democratização da esfera pública, com inovações políticas e institucionais, com a experiência de implementação dos conselhos de políticas públicas e de defesa de direitos. Tais espaços são favoráveis à construção de propostas que podem beneficiar coletividades, entretanto, há, também, dificuldades de consolidá-los como arenas do exercício democrático (Behring; Boschetti, 2007).

Como espaço contraditório, os conselhos propiciam a afirmação dos direitos humanos por meio de políticas públicas, contudo, ao mesmo tempo, é espaço para o não direito, para a fragmentação e para práticas clientelistas. Para Jaccoud (2009, p. 79),

> a participação social abre espaço para um leque bastante amplo e diferenciado de interesses que em cada caso transformarão o conselho em ator no campo das políticas sociais e também em arena onde atuam diversas forças e interesses.

Importante pontuar que os processos participativos estão afetos aos interesses que estão em disputa na sociedade, portanto, não estão acima das contradições que permeiam a esfera pública. Assim, o conflito deve estar presente nesses espaços, o que carece de explicitação para a constituição de uma esfera pública, que se conforma tanto pelo discurso quanto pela ação dos sujeitos sociais.

Cabe por fim ressaltar que a participação ampliada dos diversos segmentos sociais no âmbito das políticas sociais tem levado a um exercício cotidiano do conflito que pode estar sendo mascarado sob a capa de um discurso que dá ênfase aos aspectos cooperativos e complementares entre os diversos atores sociais e institucionais (Jaccoud, 2009, p. 81).

Assim, o processo de disputa por reconhecimento social e político está presente no âmbito da esfera pública, que extrapola a forma estatal ou privada, visto que se configura na articulação entre Estado e sociedade civil (Raichelis, 1998). Para a autora, os elementos constitutivos da esfera pública são os seguintes: 1) visibilidade, de modo que as ações e os discursos devem se expressar com transparência, as informações devem ser fidedignas e publicizadas, pois orientarão as deliberações nos espaços públicos; 2) controle social, participação da sociedade civil nas negociações e arbitragens sobre os interesses em jogo, acompanhando a implementação das decisões; 3) representação de interesses coletivos, constituição de sujeitos coletivos, que qualificam demandas coletivas, a partir do papel de mediadores; 4) democratização, ampliação dos fóruns de decisão política, com a incorporação de novos sujeitos sociais que, na dialética consenso-conflito, buscam uma interlocução pública capaz de gerar acordos que orientem decisões coletivas; 5) cultura pública que enfrente a apropriação do público pelo privado, remetendo a mediações sociopolíticas dos interesses dos sujeitos sociais que reivindicam reconhecimento.

Estes apontamentos sobre o processo de consolidação da participação social, especialmente por meio dos conselhos de direitos e/ou conselhos de políticas públicas, são essenciais para a avaliação de políticas públicas, uma vez que no bojo dessa atividade técnica podem ser desenvolvidas estratégias que fortaleçam esses espaços como constitutivos da arena pública e potentes para fins de democratização da tomada de decisões. Desse modo, o entendimento desse espaço como arena de contradições é essencial para evitar a idealização desses ambientes, como que desprovidos de conflitos e, ao mesmo tempo, compreender que, com suas contradições, é o espaço legitimado socialmente para a tomada de decisões.

Nessa perspectiva, Raichelis (1998) enuncia um conjunto de elementos que norteiam a democratização dos conselhos, podendo ser utilizados como orientadores da relação com os conselhos nos processos de avaliação. Por outro lado, a autora situa as contradições que perpassam os conselhos, como: reduzido poder decisório da representação governamental; técnicos que exercem a representação possuem maior compromisso com as pessoas que encarnam o poder dirigente do que com a institucionalização da política; presença do discurso da solidariedade associado à desresponsabilização do Estado; risco da burocratização e cartorialismo; fragilidade da representação dos usuários. Nessa linha, sugere-se, nas avaliações de políticas públicas, necessariamente, contar com a interlocução com os conselhos de direitos como informantes, bem como na construção de estratégias que favoreçam o alcance dos direitos, observando os limites e as possibilidades desses espaços. Entre as estratégias destacam-se esforços voltados para a capacitação de conselheiros, bem como a defesa da autonomia destes.

Dagnino (2002), em estudos sobre distintas relações entre a sociedade civil e os espaços públicos, identificou a necessidade de capacitação dos conselheiros de direitos, especialmente no que diz respeito à sociedade civil, quanto à exigência de qualificação técnica e política. A atuação no campo das políticas públicas — formulação, deliberação e execução — pressupõe saberes técnicos e especializados sobre conteúdos específicos destas e sobre o funcionamento da máquina pública que, muitas vezes, os representantes dos usuários ou de entidades de atendimento não dispõem. Nessa linha, Goés (2003) destaca a perspectiva pedagógica da experiência do Ministério Público, exemplificando, por meio de experiência no âmbito da pesquisa, ação em município de Ilhéus (BA):

> Parte do princípio/pressuposto de que se o Ministério Público exercer sua função pedagógica (trabalhando com o objetivo de possibilitar a construção/ expansão da consciência dos sujeitos quanto ao direito de educação de crianças e adolescentes), então favorecerá aos cidadãos (de comunidades de periferia

e de distritos do Município de Ilhéus), o reconhecimento e a defesa daquilo que tem como direito e a observância de seus deveres, que incluem, também, o de velar por seus direitos (Goés, 2003, p. 417).

Como refere Lima (1997), a democracia é uma construção permanente, ainda mais havendo no horizonte tempos de barbárie e de retração dos direitos que requererão estratégias coletivas para a resistência:

> A democracia se legitima pela afirmação de direitos, que consiste não apenas na consolidação de conquistas já adquiridas, mas também na inscrição de novos direitos, posto que é invenção permanente do social e do político. É essa dimensão que faz com que a luta pela democracia seja sempre nova, mesmo que tenha vários séculos de história. Não há nenhuma garantia de sua permanência, se ela não é recriada cotidianamente (Lima, 1997, p. 50).

Ainda, a atuação na fiscalização, especialmente do Ministério Público, envolve também a estrutura e organização destes, por isso, não são incomuns solicitações de assessoramento aos assistentes sociais em avaliações acerca das condições de funcionamento dos conselhos, que versam sobre sua infraestrutura física e de recursos humanos, bem como acerca dos processos eleitorais visando à observância da paridade, em particular. Desse modo, apreende-se que os órgãos do controle social são, a um só tempo, interlocutores para os processos de avaliação de políticas públicas, alianças estratégicas na luta pela manutenção/ampliação de direitos e objeto de processos de conhecimento/intervenção.

Outra temática que merece especial atenção, configurando mais uma diretriz desse trabalho, é o **favorecimento de critérios de acesso às políticas públicas amplos, flexíveis e universais**, sempre que couber. Isto porque, uma das formas mais utilizadas para restrição de acesso ao direito são os critérios de elegibilidade. Em pesquisa sobre o tema, Stein (2008) identificou a focalização geográfica nos mais pobres por meio de critérios de ingresso, relacionados à renda *per capita*, como segue:

Apesar do aperfeiçoamento contínuo dos instrumentos e mecanismos de focalização, e seu reflexo na ampliação, ou não, da cobertura social, identificamos que é significativo o destaque pelos países quanto à contribuição no sentido de identificar onde estão e quem são os pobres. Entretanto, nenhum deles foi ainda capaz de atendimento universal à demanda correspondente aos próprios critérios estabelecidos, o que revela a priorização da seletividade como critério de aplicação dos recursos e controle da extrema pobreza (Stein, 2008, p. 207).

Especialmente em contextos como o brasileiro, após 2016, a tendência é a de incorporação nas políticas públicas de critérios de elegibilidade, haja vista a crítica à universalização das políticas e o estímulo à venda de serviços, particularmente de saúde e educação, no mercado.

Associado aos critérios de elegibilidade, nas políticas públicas, é muito comum a obstaculização do acesso, por meio de mecanismos que retardam, selecionam ou atribuem o acesso a sorteio. Em alguns casos, essas realidades se referem a políticas que devem universalizar o acesso, mas ainda não o fazem devido ao seu porte insuficiente. Esse é o caso, por exemplo, da educação infantil nos municípios brasileiros, que há pouco mais de uma década figura nos planos nacionais de educação como direito que deve estar acessível à população infantil de 0 a 5 anos, sendo dos 0 aos 3 na modalidade de creche. Nesse último caso, a meta dos dois últimos planos nacionais de educação é de 50% de oferta de vagas no mínimo, ocorre que muitos municípios passaram a expandir suas vagas recentemente, estando distantes do alcance da meta. Nesse contexto, vários desses, em especial, os de maior porte, realizam oferta de vagas por sorteio, mediante critérios de renda para inscrição. Em alguns casos, os períodos para inscrição são exíguos, dificultando que a população tenha conhecimento e se inscreva.

Na política de saúde encontram-se processos desse tipo, relacionados, por exemplo, na saúde mental, à insuficiência de serviços com "portas abertas", estratégia que permite que os usuários procurem o serviço em qualquer momento, sendo acolhidos. A existência de procedimentos de ingresso burocratizados e restritos cerceia a possibilidade de acesso.

Desse modo, considerando a Emenda Constitucional n. 95/2016, com o corte drástico de recursos destinados às políticas públicas, a tendência que se vislumbra é a de ampliação dos critérios de acesso às políticas públicas, haja vista sua provável crescente incapacidade de absorção da demanda. Atentar para as restrições de acesso faz-se necessário para desvelar as limitações na oferta, sendo essa uma frente obrigatória para o trabalho dos assistentes sociais na avaliação de políticas públicas.

Apontadas algumas diretrizes para a avaliação de políticas públicas ou de instituições de atendimento, os itens que seguem ilustrarão elementos teóricos e práticos acerca desse tipo de atividade profissional nas Instituições do Sociojurídico.

3.2 Elementos conceituais para a avaliação de políticas públicas

Existem diferentes autores que tratam do tema da avaliação das políticas públicas, de modo que o esforço aqui realizado foi o de colher algumas linhas de análise que permitam prospectar a avaliação de políticas públicas e sua aplicabilidade ao contexto das instituições sociojurídicas.

A avaliação, a partir dos quadros técnicos dessas instituições, se reveste de contornos distintos de processos avaliativos internos das políticas ou de agentes externos para fins de aprimoramento de determinada política. A partir do olhar das instituições do Sistema de Justiça, a política pública é vista como possibilidade de materialização de direitos sociais e o enfoque da avaliação passa a ser a exigibilidade dos direitos nas suas particularidades. Ainda, esse tipo de avaliação tem o condão de ativar mecanismos jurídicos que pressionem na direção da execução e oferta da política em desenhos consonantes com os direitos positivados na legislação nacional e tratados internacionais dos quais o Brasil é signatário ou, ainda, a partir de estudos do campo das ciências humanas e sociais acerca da metodologia das políticas públicas na perspectiva da garantia da atenção às necessidades humanas.

A avaliação de políticas públicas vem sendo desenvolvida no Brasil, em especial com base em exigências dos órgãos financiadores, a partir da década de 1980. Por outro lado, pode se constituir em um meio eficaz de controle social das políticas sociais (Silva, 2001).

Dentro desse escopo, as ponderações de Boschetti (2009) sobre o tema da avaliação de políticas, programas e projetos sociais se aproximam da intencionalidade deste estudo, pois a autora argumenta que, para além da composição de instrumentos e técnicas, é preciso dar primazia à concepção de Estado e de política social que determinará seu resultado.

> A avaliação de uma política social pressupõe inseri-la na totalidade e dinamicidade da realidade. Mais que conhecer e dominar tipos e métodos de avaliação ou diferenciais análise e avaliação, é fundamental reconhecer que as políticas sociais têm um papel imprescindível na consolidação do Estado Democrático de Direito e que, para exercer essa função, como seu objetivo primeiro, devem ser entendidas e avaliadas como um conjunto de programas, projetos e ações que devem universalizar direitos (Boschetti, 2009, s/p).

Nessa linha, diferentemente das avaliações que perseguem o ideário de um Estado neutro, especialmente decorrentes do modelo norte-americano, no qual é preciso aferir resultados e buscar a redução de custos, a avaliação de políticas aqui proposta se alinha com a perspectiva de um Estado no qual a democracia não é vista apenas na sua formalidade, mas como meio de compartilhamento da riqueza socialmente produzida, por isso as políticas são entendidas como sugere Boschetti (2009, s/p) na sua possibilidade de "expandir direitos, reduzir a desigualdade social e propiciar a equidade".

Os capítulos anteriores já exploraram uma perspectiva sócio-histórica de formulação e oferta das políticas públicas, de maneira que, aqui, serão ilustrados aspectos intrínsecos aos processos de formulação e condução das políticas. Para Silva (2001), tais processos consistem em: a) constituição do problema ou agenda governamental, quando pela visibilidade/pressão da sociedade determinado aspecto da questão social se torna agenda pública; b) formulação de alternativas de política, momento de pré-decisão no qual são definidos os conteúdos, os recursos, as responsabilidades, havendo forte protagonismo do corpo técnico; c) adoção da política, momento de apresentação da política e seus programas ao legislativo; d) implementação ou execução de programas sociais, fase mais abrangente e complexa do processo, quando assumida por unidades administrativas que irão mobilizar recursos humanos, financeiros e materiais. Este último momento é crucial e complexo, pois destina-se à implementação, havendo alterações de rotas.

> Uma política pública, desde a sua formação, envolve mobilização e alocação de recursos, divisão de trabalho (tempo); uso de controles (poder), interação entre sujeitos; interesses diversos, adaptações; riscos e incertezas sobre processos e resultados; noção sobre sucesso e trabalho, destacando-se a relevância dos sujeitos sociais desse processo e suas racionalidades (Silva, 2001, p.40).

Considerando que se trata de processos não lineares e contraditórios, Silva (2001) enumera os seguintes sujeitos que se conectam a esses movimentos: grupos de pressão, movimentos sociais orientados pela lógica das necessidades e dos resultados; partidos políticos ou políticos, sensíveis às pressões dos grupos organizados, são responsáveis por propor e aprovar as grandes linhas das políticas; administradores e burocratas, responsáveis pela administração de programas sociais, baseiam-se na racionalidade legal; técnicos, planejadores e avaliadores, responsáveis pela formulação de alternativas de políticas e de execução de programas, orientados pela lógica dos fins e resultados; Judiciário, responsável pela defesa de direitos, orienta-se pela ótica legal. Ainda, a autora enumera mais um ator relevante, a mídia, que oferece visibilidade aos problemas sociais.

Nessa linha, tais atores são embalados por racionalidades distintas, quais sejam: administrativa (orienta-se pela eficiência — produtos e custos/economia das ações governamentais); política (própria dos legisladores, dedica-se à agenda e à formulação das políticas); legal (própria do Judiciário, centra-se na implementação apropriada ou não da política); resultados (própria de técnicos, planejadores e avaliadores, centrada nos impactos dos programas). No entanto, as distintas racionalidades conduzem a desentendimentos, embates e conflitos; sendo necessário construir consensos sobre aspectos centrais, ao menos (Silva, 2001).

Nesse contexto, a avaliação de políticas públicas não é um ato neutro, implica julgamento valorativo, portanto, um ato político, implicado nas relações de poder. Exige postura de objetividade e independência, tendo natureza interdisciplinar, dimensão técnico-metodológica e política. Trata-se da pesquisa avaliativa de caráter aplicado, utilizando-se de métodos e técnicas da pesquisa social, tendo sentido na medida em que subsidia decisões e ações concretas (Silva, 2001).

As concepções apontadas por Silva (2001) permitem situar a avaliação realizada a partir do Sistema de Justiça, como uma forma de pesquisa social aplicada (planejada e dirigida), que viabiliza a coleta de informações confiáveis, relevantes para fundamentar juízos de valor sobre políticas e programas sociais e, com isso, tomadas de decisão a partir de agentes externos.

Silva (2001) propõe algumas questões orientativas sobre a avaliação, quais sejam: quando avaliar, onde avaliar, para quem avaliar, o que avaliar, por que avaliar, para que avaliar, quem avaliar, como avaliar?

No caso das avaliações realizadas a partir do Sistema de Justiça, sobre o quesito **quando avaliar**, estas são realizadas com as políticas em execução, de modo geral, mas também a partir de projetos e propostas preliminares, na fase ainda prévia à implantação.

Sobre o **onde avaliar** considerando que o Sistema de Justiça atua a partir de espaços específicos, como o território da comarca, ou do município ou do estado, dificilmente a atuação do assistente social do Sociojurídico, estará voltada para a implementação de alguma política pública no âmbito nacional. Assim, as avaliações realizadas comumente no Sociojurídico estão afetas ao território do estado ou do município.

Sobre **o que avaliar**, ou seja, o conteúdo ou objeto da avaliação, será desenvolvido em seguida, mas, de modo geral, as requisições do Sistema de Justiça podem ser específicas sobre determinado aspecto da política ou genéricas; ao que se sugere, de modo geral, buscar a avaliação mais ampla possível, visto que seus elementos estruturantes estão interconectados e se determinam mutuamente.

Sobre **o porquê avaliar**, independentemente das motivações dos demandatários, que podem ter razões de probidade, de eficácia de seus resultados, de amplitude da política, entre outros, a linha aqui sugerida é o resguardo, ampliação e defesa dos direitos dos usuários das políticas públicas.

Sobre o **para que avaliar** ou seja, os objetivos, seu foco no Sociojurídico tem relação com os problemas que se apresentam na execução das políticas, possíveis afastamentos de seus objetivos, restrição de direitos e de acesso.

Quanto ao **quem avalia**, no caso do Sociojurídico, são profissionais e agentes jurídicos externos à política pública. Todavia, conforme apontado nas diretrizes iniciais, é preciso estabelecer uma relação respeitosa com os atores das políticas públicas, baseada essencialmente na explicitação dos objetivos da avaliação, na devolutiva *in locu* sobre os principais aspectos que estão sendo observados como discordantes dos direitos dos usuários. Além disso, como será desenvolvido adiante, sugere-se prever momentos de discussão acerca dos achados da avaliação com os atores envolvidos com sua execução — gestores, técnicos, trabalhadores em geral, usuários. Ainda, a interlocução com os órgãos do controle social é essencial para que este se aproprie dos achados, participe do processo de discussão e da construção de caminhos subsequentes, haja vista que a intervenção do Sistema de Justiça é circunstancial e pontual. Mesmo no caso do Ministério Público, está atrelada a certos ritos jurídicos, não devendo a Instituição manter relação de tutela com os agentes condutores da política pública.

Sobre o **como avaliar**, diz respeito ao tipo de avaliação, procedimentos, métodos, técnicas adotadas. Silva (2001) refere que estes se relacionam com objetivos e critérios, as questões que se busca responder, a disponibilidade de tempo, os recursos e, até mesmo, a preferência dos avaliadores. No caso do Sociojurídico, os procedimentos e técnicas são variáveis, tendo algumas premissas como a observação *in locu*, as entrevistas com informantes diversos, entre eles dirigentes, técnicos, usuários das políticas, sempre que possível; análise documental; roteirização das informações necessárias à avaliação. O tempo é uma variável importante, pois, de modo geral, as demandas dos profissionais nos espaços sociojurídicos são abundantes, desse modo o tempo investido nestas atividades necessita ser dosado e compartilhado com outras atividades ao mesmo tempo, em processos paralelos de trabalho. Esse assunto será retomado depois, porém a avaliação de políticas públicas desenvolvida no Sociojurídico requererá dos profissionais objetividade na coleta de dados, o que se obtém por meio de roteiros que permitam um olhar abrangente sobre a realidade, com objetivos e indicadores precisos, tanto quanto possível. Ainda, esse processo é condicionado pelos recursos institucionais necessários, pois muitas vezes as atividades são desenvolvidas no conjunto do Estado, não exatamente na base de lotação do profissional, demandado diárias, veículo, entre outros. Desse modo, essa logística precisa ser considerada.

As avaliações de políticas públicas, quanto ao momento de sua realização e objetivos, têm diferentes formulações, aqui se adotam as definições de Cohen e Franco (1993), no sentido de que as avaliações realizadas pelas instituições do Sociojurídico são, comumente, *ex-post*, ou seja, realizadas quando se encontram em execução. Seu foco é, sobretudo, voltado aos processos de implementação das políticas públicas, mas também busca identificar elementos de impacto. Para os autores, tais dimensões se caracterizam da seguinte maneira:

> [...] avaliação de processos: determina a medida em que os componentes de um projeto contribuem ou são incompatíveis com os fins perseguidos. [...] Avaliação de impacto: procura identificar em que medida o projeto alcança seus objetivos e quais são seus efeitos secundários (previstos e não previstos) (Cohen; Franco, 1993, p. 109).

Conforme já foi abordado, as avaliações no Sociojurídico, também podem ocorrer na modalidade *ex-ante*, ou seja, antes de sua implementação, quando ainda se encontram no formato de projeto, em alguns casos, na fase de avaliação pelo legislativo. Estas são realizadas, de maneira geral, por meio da análise documental, cotejando o projeto com a legislação e estudos sobre o tema em questão. Porém, não se realiza somente dessa forma, por vezes, há oportunidade de efetuar reuniões técnicas, reuniões com gestores da política e/ou da gestão municipal, reuniões com os demandantes da avaliação com a finalidade de orientar procedimentos.

Aspecto importante nos processos avaliativos é a construção de **indicadores**, os quais permitirão analisar os dados no sentido de verificar sua aproximação com os objetivos delineados por aquela política ou esperados pela sociedade. Cohen e Franco (1993, p. 152-153) assim definem os indicadores:

> Na avaliação, o indicador é uma unidade que permite medir o alcance de um objetivo específico. Deve-se distinguir entre indicadores diretos e indiretos. Os primeiros traduzem a obtenção do objetivo específico em uma relação de implicação lógica. Se diminuir a taxa de repetência, é um objetivo educacional, sua definição já determinou o indicador, que mostrará as variações percentuais que ocorreram na repetência dentro da população-objetivo. [...] os indicadores indiretos devem ser construídos. Se um projeto tem como objetivo aumentar a participação comunitária, as metas e indicadores das mesmas surgem das formas em que a participação se expressa. Neste caso, a relação entre indicador e meta é de caráter probabilístico e não de implicação lógica, por cujo motivo é conveniente incrementar o número de indicadores de uma meta para aumentar assim a probabilidade de conseguir uma medição adequada.

A construção dos indicadores é essencial, tanto para a avaliação de políticas públicas, quanto para a de instituições de atendimento, pois é a categoria que permite maior aproximação com a realidade. Todavia, a sua construção é complexa no processo de avaliação, pois de difícil calibragem, necessitando por vezes ser (re)construído depois de testado, o que será desenvolvido nos dois próximos itens. A seguir serão desenvolvidos aportes teórico-práticos para a realização da avaliação de políticas públicas e de instituições de atendimento.

3.3 A avaliação de políticas públicas no contexto do Sociojurídico

A avaliação de políticas públicas no Sociojurídico, por assistentes sociais, é bastante recente na profissão, pois embora algumas experiências mais longevas no Poder Judiciário, a centralidade desse tipo de atividade técnica desenvolve-se, com supremacia, no Ministério Público, nas duas últimas décadas. Nesse contexto, serão desenvolvidas algumas etapas desse trabalho, fruto da experiência da signatária e de outros profissionais do Ministério Público nessa atividade.

As demandas por avaliação de políticas públicas são bastante variadas, em geral, em torno do núcleo duro das políticas sociais, ou seja, educação, assistência social e saúde. O que distingue a avaliação de políticas e a de instituições de atendimento é que a primeira possui uma amplitude alargada, não tendo como foco um serviço ou equipamento especificamente, mas um conjunto, podendo ser um programa ou uma política específica dentro da política setorial, a exemplo, a atenção básica na política de saúde.

Em termos de **procedimentos metodológicos para a realização da avaliação de políticas públicas**, serão explorados os seguintes caminhos: estudo da política, o planejamento do processo de avaliação (base filosófica, a construção da amostra, desenho das etapas, instrumentos, a roteirização, apresentação e aprovação institucional), o trabalho de campo — a(s) visita(s) institucionais, entrevistas, observação —, a elaboração de relatórios específicos e gerais.

A primeira etapa do trabalho consiste no **estudo da política**. Muitas vezes, esse trabalho é implementado por uma equipe de assistentes sociais ou multidisciplinar, desse modo, constitui-se em etapa fundamental à apropriação pelos profissionais dos conhecimentos necessários sobre a política. Nessa linha, há várias frentes para a realização do estudo acerca da política, as quais precisam ser acionadas em conjunto. O estudo das legislações e normativas da política (resoluções, atos, cadernos técnicos, entre outros) é um primeiro passo. Todavia, o estudo não deve se prender tão somente ao arcabouço legal, é preciso conhecer o processo histórico, os avanços e retrocessos, o conjunto dos direitos a ser alcançados pela política, a luta e os segmentos envolvidos com a conquista desses direitos, os processos de trabalho na política objeto da avaliação, os atores envolvidos e suas correlações de forças, enfim, colher o máximo de informações e reflexões sobre como a política se movimenta no real. Esse procedimento é realizável por meio da leitura de textos de especialistas na política em questão, com viés crítico acerca do *modus operandi* da política, suas determinações e dinâmica, mas, também, por reuniões com profissionais que atuam ou estudam a área e que dominam seus processos de formulação e de execução. Para tais encontros é importante a construção pela equipe que realizará a avaliação de um roteiro com as questões a serem conhecidas e discutidas.

O conhecimento do marco legal não é suficiente, pois, em tempos de retração de direitos, a tendência instalada é a de contração destes no plano das leis. Por isso, no presente momento da cena brasileira, caracterizada por um governo federal marcadamente liberal-conservador, o ataque aos direitos será amplo e intenso, daí a necessidade de a defesa destes dar-se a partir de outros instrumentos, como as normativas internacionais e estudos que demonstrem as necessidades e benefícios sociais decorrentes dos direitos a serem materializados.

A elaboração de sínteses acerca do marco legal e os fundamentos das produções teóricas analisadas é um meio de a equipe, paulatinamente, se apropriar desses fundamentos. Contudo, com o início do trabalho de campo são despertadas novas dúvidas e questões para o debate interno entre os profissionais. Desse modo, as reuniões sistemáticas da equipe técnica são essenciais para o alinhamento e o aprimoramento do trabalho. Nos casos em que o agente jurídico — Juiz, Promotor de Justiça, Defensor Público

— participa ativamente de todo o processo, é indicado que esteja presente nesse estágio.

Após essa etapa, dá-se início ao **planejamento do processo de avaliação** da política pública, o que implicará na sua apresentação e anuência do demandante, mas a depender das implicações e impacto político da ação, é recomendável, também, a aprovação por instâncias institucionais superiores. Especialmente o Ministério Público, mas se acredita que o mesmo ocorre com relação à Defensoria Pública, interage com distintos projetos políticos e interesses, de modo que a explicitação daquilo que está em jogo é prudente para que a Instituição reconheça o cenário e os atores que se movimentam na arena pública.

> Tais atores, na dialética da vida cotidiana, atuam no sentido de ampliar ou restringir a própria experiência democrática. Assim, a sociedade brasileira poderia ser vista, a partir de uma imagem, de certa forma caricata, como uma arena onde se processam lutas sociais entre diferentes segmentos, portadores de distintas perspectivas acerca da democracia, que, longe de ser um conceito abstrato, pode ser traduzida em necessidades sociais atendidas, em bens e serviços sociais garantidos (Tejadas, 2012, p. 147).

A construção de um plano de trabalho demandará um conjunto de decisões técnico-político-metodológicas. Inicialmente, parte do estudo realizado necessitará compor os fundamentos do projeto, ou seja, a base teórica da referida política pública, seus principais nós críticos e o que desencadeou a necessidade da avaliação no plano institucional, isto é, a existência de inquérito civil, procedimento administrativo, processo judicial ou processo administrativo-judicial. Com base em tais instrumentos institucionais, peculiares em cada órgão do Sistema de Justiça, será descrita a demanda propriamente dita, como surge, a partir de que atores, com que pleito ou irregularidade. Note-se que, por vezes, as instituições, aqui, em especial a experiência do Ministério Público, possuem demandas sobre uma mesma política distribuídas em diferentes Promotorias de Justiça, de modo que se sugere, sempre que possível, estimular o diálogo interno, pois favorece a construção de alternativas interventivas da Instituição menos fragmentadas e, com isso, mais articuladas e efetivas.

Após a construção do referencial teórico e de delimitação das demandas, devem ser elaborados os **objetivos do projeto** que, de modo geral, circundam interesses quanto a: conhecer a realidade de determinada política; incidir quanto à garantia/ampliação de um conjunto de direitos; favorecer a integração/articulação de trabalhos entre políticas com pontos de conexão; entre outros específicos do objeto do estudo. Observe-se que esses objetivos traçados deverão ser respondidos no relatório final da avaliação e deverão ser alcançáveis a partir dos instrumentos selecionados e roteiro(s) elaborados.

Após o desenho dos objetivos, são descritas as **ações que permitirão concretizá-los. No caso do processo avaliativo, estas se referem aos meios utilizados para o processo de conhecimento/intervenção na realidade**. Giza-se a perspectiva de que não há processo de conhecimento neutro, este é sempre permeado pela intervenção, pois as questões lançadas aos entrevistados, a escolha de determinados informantes, o aporte teórico que será utilizado nas entrevistas, os posicionamentos eventualmente manifestos, a intencionalidade da ação institucional em avaliar a política, traduzem-se, na prática, por um processo de conhecimento ativo com finalidades interventivas e, possivelmente, com consequências jurídicas.

> A neutralidade do cientista social é, dessa forma, inalcançável — na medida em que seu objeto de estudo, diferente das ciências naturais, situa-se no campo das relações sociais e é estudado sob concepções de sociedade diversas e antagônicas. É impossível, ao pesquisador, ignorar os conflitos ideológicos, afastar suas (pré)noções. A solução proposta pelo positivismo, de depositar sobre a boa vontade, o esforço e o empenho do cientista social a busca pela eliminação de suas próprias ideologias para a realização da pesquisa é uma proposta que não se materializa (Chagas, 2015, p. 173).

Nesse diapasão, conforme alertado no item que tratou de aspectos éticos da intervenção, no momento do trabalho de campo, é indicada a postura transparente do profissional, no sentido de expor os objetivos do processo de conhecimento, as suas etapas metodológicas e as possíveis decorrências quanto à intervenção institucional. Nesse último caso, possivelmente, o profissional pode prever em parte tais decorrências, pois tem relativa autonomia sobre o curso dos acontecimentos, já que há outros atores envolvidos, além de ter governabilidade parcial sobre o curso desses processos de trabalho institucionais, que, não raro, se prolongam por anos.

Uma das primeiras decisões sobre o como desenvolver o processo de conhecimento/intervenção é a extensão do trabalho de campo, ou seja, o que conhecer, a partir de que atores. A avaliação da política pública de saúde de determinado município, deve tomar por base os equipamentos da política pública. O município X, por exemplo, possui 20 Estratégias de Saúde da Família (ESF) e Unidades Básicas de Saúde (UBS), portanto, um número relevante de equipamentos. Na maioria dos casos, as equipes do Sociojurídico ocupam-se de demandas múltiplas, em processos paralelos de trabalho, desse modo, nem sempre é possível conhecer a todos os equipamentos de determinada política e, do ponto de vista, da produção do conhecimento, não seria necessário. É indicado, nessa linha, recorrer à delimitação de uma **amostra**.

Para Gil (1987), a pesquisa social abrange um grande número de elementos, sendo impossível considerá-los na totalidade, desse modo, é muito frequente o trabalho com amostras. Estas constituem subconjunto do universo do estudo.

Para a construção da amostra é preciso tomar algumas cautelas, pois ela deve ser representativa do todo, de modo que se possa construir aproximações com relação às tendências presentes em determinada realidade. Têm sido utilizadas amostras de 25% do todo, compostas de modo a representar as idiossincrasias da política ou programa em questão. Assim, voltando ao exemplo da política de saúde, é viável amostra que contenha, os dois tipos de equipamentos de saúde respeitando suas proporções (15 ESF e 05 UBS, resultando em 25% de cada modalidade). Ainda, recomenda-se considerar outras variáveis, como o território no qual os equipamentos estão situados. Para tanto, busca-se georreferenciar a amostra, distribuindo-a por diferentes territórios do município, abrangendo zona urbana e rural e buscando uma cobertura ampla do município. O território na amostra permite observar as tendências homogêneas e as interferências das particularidades de cada localidade. A seguir, exemplo de delimitação por território.

Figura 2. Georreferenciamento de amostra no município de Novo Hamburgo (RS)

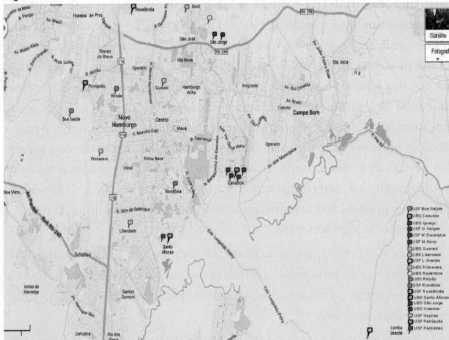

Fonte: Mapa extraído do Google, acrescidos dos nomes das Unidades, conforme listagem fornecida na entrevista com os gestores, contendo 20 unidades. DOC 0145/2013, de autoria de Fabiana de Oliveira Aguiar e Silvia Tejadas (Ministério Público do Rio Grande do Sul).

Além do território, devem ser consideradas outras variáveis que se mostrem pertinentes, por exemplo, no caso de escolas, podem compor a amostra a variável porte (número de alunos), visando representar realidades de instituições escolares de pequeno, médio e grande porte; ainda, no caso de instituições com ou sem fim lucrativo com diferentes mantenedoras, a amostra pode ser composta visando representar a diversidade de mantenedoras. Na área da saúde mental, por seu turno, pode ser estruturada a amostra contemplando os diferentes serviços, aplicando a cada um dos componentes da rede de atenção psicossocial o mesmo percentual de 25%. Assim, a amostra é composta por um percentual predefinido e conjugada com elementos escolhidos intencionalmente para buscar uma representação maior daquele conjunto em questão. A experiência com esse tipo de avaliação tem demonstrado que o volume de 25% do universo, com uma composição que considera variáveis relevantes, conduz a tendências que se repetem, ou seja, evidenciadas na saturação da informação. Nessa linha, busca-se alcançar a totalidade que não significa todos os fatos, mas a "realidade como um todo estruturado, dialético, no qual ou do qual um fato qualquer (classes de fatos, conjunto de fatos) pode vir a ser racionalmente compreendido" (Kosik, 1976, p. 35).

Nesse intuito, buscar a visão de totalidade não implica alcançar a todos os equipamentos do universo analisado, mas perquirir a conexão da parte com o todo. Lefèbvre (1987) sustenta que o processo de conhecimento requer que se isole ao menos parcialmente um fenômeno e depois o recoloque no todo, ou seja, em um conjunto de relações. Destarte, como já referido, não é possível conhecer sequer uma instituição, sem posicioná-la no contexto, na conjuntura, na respectiva política pública.

A partir da construção da amostra, é preciso **desenhar as etapas da avaliação**, ou seja, delinear todos os momentos dos processos de conhecimento/intervenção. Estes não são estáticos, dependem de cada objeto em particular, porém, é possível sugerir algumas etapas, tais como: estudo da temática, elaboração de roteiro, construção da amostra, entrevista com gestores da política, entrevista com os membros dos órgãos de controle social, realização das visitas *in locu* aos equipamentos, elaboração dos relatórios das visitas e entrevistas específicas, elaboração do relatório geral, momentos de compartilhamento dos dados (institucionais e externos), definição de estratégias (institucionais e externas).

Quanto aos **instrumentos**, tem sido útil nestes trabalhos, para a etapa de campo, propriamente dita, o uso de **entrevistas semiestruturadas**, baseadas em roteiro previamente construído, na **observação** do ambiente institucional, coleta de material fotográfico, com o foco de verificação dos espaços físicos à funcionalidade da respectiva política.

A entrevista semiestruturada está baseada no roteiro previamente construído que contém os elementos que serão colhidos, observados e analisados. Tais entrevistas podem ocorrer com entrevistados variados, separadamente ou em conjunto — entrevistas individuais ou grupais. Estas são escolhas técnicas, conforme as particularidades do objeto em avaliação. Desse modo, o número de entrevistados conjuntos é variável, o que demandará tempos também diversos para sua realização. Quanto maior o número de participantes da entrevista, maior a complexidade da coleta, mas, também, maior a riqueza das informações, do debate, da percepção acerca das contradições e das possibilidades de avanços naquela política. A experiência tem demonstrado que para instituições menos complexas é necessário entre quatro e seis horas para o processo de conhecimento, incluído neste, o tempo necessário para o conhecimento do espaço físico; todavia, para instituições revestidas de maior complexidade, no mínimo, são indicadas oito horas de coleta.

Para Colognese e Mélo (1998), a entrevista semiestruturada é aquela na qual as perguntas são previstas com antecedência, nela o(a) entrevistador(a) tem postura ativa, com a observância de um roteiro ordenado. Embora isso, os autores reforçam que o entrevistador pode fazer perguntas adicionais para elucidar certos aspectos e/ou recompor o contexto.

O uso desse instrumento pelos assistentes sociais do Sociojurídico permite, ao mesmo tempo, o alcance das questões previamente selecionadas no roteiro, mas, também, e principalmente a colheita do inusitado, do novo. Por isso, é essencial que o roteiro seja utilizado com flexibilidade, não engessando o profissional, pois é um guia e não uma "camisa de força". Nesse caso, o uso de perguntas abertas pelo entrevistador favorece enormemente que as respostas, manifestações e expressões dos entrevistados possam ser genuínas e livres, tanto quanto possível.

Ademais, como referem Colognese e Mélo (1998), a entrevista se caracteriza por um processo de interação social, verbal e não verbal, de mútua influência. Nessa linha, não se pode descartar que a entrevista, em situações demandadas pelo Sistema de Justiça, está atravessada por relações de poder, que partem do lugar dessas instituições na percepção do entrevistado, sendo esse, por vezes, aspecto dificultador na relação que se estabelece com o interlocutor.

A **observação,** por seu turno, é um instrumento válido para colher as impressões sobre as cenas e as condições em que o social se desenrola durante a visita. Nesse contexto, são acionados recursos teórico-metodológicos, pois o que e como se observa conduz a percepções mais ou menos amplas. No caso das visitas desenvolvidas no âmbito do Sociojurídico, a "recorrida", como por vezes é chamada no jargão institucional, é um momento privilegiado de observação, no qual se tem a oportunidade de estar em todos os ambientes institucionais, o que pode corroborar ou não informações colhidas junto aos entrevistados, aos documentos e ao referencial teórico estudado. Como aponta Fernandes (1997), nas ciências sociais, não é possível isolar determinado fenômeno e desenvolver procedimentos de experimentação. Nesse contexto complexo, o autor correlaciona um conjunto de movimentos no processo de observação.

> [...] Nas ciências sociais o processo de observação abrange três espécies distintas de operações intelectuais: a) as operações através das quais são acumulados os dados brutos, de cuja análise dependerá o conhecimento objetivo dos fenômenos estudados; b) as operações que permitem identificar e selecionar, nessa massa de dados, os fatos que possuem alguma significação determinável na produção daqueles fenômenos; c) as operações mediante as quais são determinadas, isoladas e coligidas — nesse grupo restrito de fatos — as instâncias empíricas relevantes para a reconstrução e a explanação dos fenômenos, nas condições em que forem considerados (Fernandes, 1997, p. 49).

Continuando, o autor esclarece que, na pesquisa de campo, ou seja, aplicado ao propósito deste estudo, na realização da visita, vislumbra-se a oportunidade de observação direta de formas de atuação do social, mas, não se trata de "verificar" passivamente. Nas palavras de Fernandes (1997, p. 50): "não só o sujeito-investigador interage ativamente com os sujeitos--observados, como ele próprio orienta suas observações para centros de interesses criados pela situação de pesquisa".

Além da observação acerca do funcionamento do serviço, suas rotinas, processos de trabalho e as relações interpessoais, nesse processo, também há um olhar para o espaço físico e sua funcionalidade para a política em questão. Nestes casos, são realizados comumente registros fotográficos acerca dos ambientes. Demarcam-se algumas cautelas com relação a esse procedimento. Primeiramente, indica-se o uso de fotos nos relatórios sem a identificação das pessoas (trabalhadores ou usuários das políticas), efetuando a desidentificação de seus rostos. Isso porque não se tem as condições no momento da visita de solicitar autorização do uso de imagem, assim como o foco do registro fotográfico não são as pessoas, mas os ambientes, ou seja, se estão adequados ao preconizado pela política e/ou adequados às necessidades dos usuários. Ainda, é preciso informar aos dirigentes, técnicos, demais trabalhadores e usuários, presentes na visita, que seus rostos não serão identificados em fotografias.

A **construção do roteiro(s)** é etapa complexa e que despende tempo na construção do projeto, portanto, preliminar ao trabalho de campo. Aqui, utiliza-se o plural, pois, muitas vezes, serão visitados equipamentos distintos em uma mesma política, sendo necessário construir roteiro específico para cada um deles, já que apresentam suas particularidades e se destinam a propósitos distintos.

O roteiro, fruto dos estudos que foram realizados (referencial teórico e legal), deve ser amplo, abarcando todos os aspectos implicados naquele serviço particularmente. Mesmo com esse esforço, como já foi pontuado, em confronto com a realidade surgem elementos novos, desconhecidos tecnicamente pelo profissional. Nesse caso, o roteiro se presta para as entrevistas, observação e reuniões, por exemplo.

Para o conhecimento de determinado serviço, base para avaliação de uma política, podem ser prospectados alguns grandes **blocos: identificação da instituição/serviço/equipamento, metodologia do trabalho, recursos humanos, infraestrutura física.** Colognese e Mélo (1998, p. 147) orientam que "o roteiro deve ser exaustivo e conter todas as perguntas e tópicos considerados aprioristicamente relevantes, com o objetivo de orientar os rumos da entrevista". Para estes autores, há dois tipos de roteiro, o específico e o contextual, sendo o primeiro organizado por meio de perguntas, guardando similaridade com o questionário e o segundo, o contextual, organizado por meio de tópicos orientadores para a entrevista. Considera-se na avaliação de políticas públicas, o roteiro contextualizado mais apropriado, pois permite ao entrevistador conduzir a entrevista semiestruturada com maior flexibilidade. Os referidos autores indicam a realização de pré-teste, o que se considera útil nos processos avaliativos, pois permite corrigir rotas e, especialmente alinhar o processo junto à equipe envolvida, já que, no momento da aplicação do roteiro, podem surgir diferentes interpretações acerca dos tópicos definidos.

Para fins ilustrativos, a seguir serão abordados aspectos de um roteiro específico, construído originalmente pela equipe de assistentes sociais[1] do Ministério Público do Rio Grande do Sul, em vistorias com o escopo de avaliar a política de educação especial, na perspectiva inclusiva, na rede privada de ensino de Porto Alegre (RS). O referido roteiro é resultado de uma construção coletiva da equipe e sofreu modificações desde sua construção inicial e seu uso sistemático pela equipe, tendo aqui sido adaptado para as finalidades deste livro.

---

1. A equipe responsável pela construção do roteiro foi: Beatriz Rey, Claudia Moreira da Luz, Cintia Ribes Pestano, Fabiana Aguiar de Oliveira, Silvana Doris Perin, Fátima Souza, Lúcia Bittencourt, Dinara Domingues e Silvia Tejadas.

Quadro 2. Elementos para roteiro—Identificação

IDENTIFICAÇÃO
Bloco A
Escola: Endereço: Site/email: Diretor(a): Horário de funcionamento: Modalidades de ensino: Documentos organizativos da Escola (coleta de Projeto Político-Pedagógico – PPP, Regimento Interno, Contrato de Prestação de Serviços):
Bloco B
Manutenção da Instituição (mensalidades, convênios, Certificado de Entidade Beneficente da Assistência Social – CEBAS): Valor da mensalidade/cobrança diferenciada ao aluno incluído (coleta do contrato de prestação de serviços):
Bloco C
Existência de alunos incluídos/perspectiva: Previsão do Atendimento Educacional Especializado (AEE) no PPP: Necessidades não atendidas da escola com vistas à inclusão: Capacidade para atendimento de alunos com necessidades educacionais especiais (NEE): Demanda reprimida de alunos NEE: Classes especiais: Critérios para a inclusão de alunos NEE:

Fonte: Documentos da Unidade de Assessoramento em Direitos Humanos do Ministério Público do RS, adaptados pela autora.

O Quadro 2 é composto por três subdivisões didáticas, a fim de demonstrar possibilidades de composição, no caso de escolas privadas, de dados gerais que identifiquem a educação inclusiva em seu processo normativo e perspectivas de acesso.

O Bloco A trata dos dados gerais de identificação da entidade, agregado de modalidades de ensino, ou seja, sua abrangência dentro da educação básica (educação infantil, ensino fundamental, ensino médio) e os documentos organizativos da escola. Nesse caso, tais fontes documentais são utilizadas para fins de constatar a referência à educação inclusiva e suas estruturas correspondentes como a presença do professor especializado para o AEE e a sala de recursos multifuncionais. Giza-se que tais documentos não são analisados quanto a aspectos intrínsecos à pedagogia, como as linhas pedagógicas utilizadas e sua correspondência ao currículo e outros instrumentos.

O Bloco B dedica-se a aspectos relativos à manutenção da entidade, havendo duas áreas de interesse centrais, a saber: a existência de CEBAS, já que isso caracteriza diretamente a participação do fundo público no financiamento da escola/mantenedora e a eventual cobrança de taxas adicionais ao aluno incluído, o que, no momento, possui vedação legal. Não é incomum se identificarem instituições com CEBAS e que praticam, ainda, a sobretaxa aos alunos incluídos. Observe-se que, por vezes, a sobretaxação é travestida de cobrança para "adaptação curricular", por exemplo, que é uma prerrogativa do aluno incluído, portanto, também irregular.

O Bloco C, por seu turno, situa a relação da escola com a perspectiva inclusiva, isso é perscrutado por meio da identificação da existência de alunos incluídos, de possíveis obstáculos identificados pela escola para a inclusão, e a existência de critérios de ingresso e de alunos que aguardam o acesso (demanda reprimida). No caso das instituições privadas, que se caracterizam pela venda de um serviço no mercado, a negativa de acesso é sutil e mascarada pela demonstração das condições da escola e, concomitante, desencorajamento das famílias. Note-se que esse item se dedica a observar o **direito ao acesso à política e seus possíveis obstáculos**.

Com as informações que traçam um panorama, parte-se para o eixo metodológico, ou seja, qual o desenho da educação inclusiva naquela escola.

O Quadro 3 trata dos aspectos atinentes à metodologia, desse modo é o eixo que permitirá em grande medida avaliar a **qualidade do serviço oferecido**. Note-se que as questões levantadas lançam um olhar para os aspectos metodológicos, desde o acolhimento do aluno (bloco D), ou seja, identificando os procedimentos adotados para fins de que a inclusão seja um processo benéfico a todos os envolvidos e as estratégias adotadas para superar determinadas resistências.

Quadro 3. Elementos para roteiro — metodologia

METODOLOGIA
Bloco D — Ingresso/acolhimento
Ingresso do aluno (processo avaliativo para fins de ingresso):   Acolhimento inicial do aluno/adaptação aluno-escola-aluno: Espaços de gestão da escola e sua relação com o ingresso/acolhimento do aluno NEE:
Bloco E — Organização do atendimento
Distribuição dos alunos por turma/professor:
Relação de alunos incluídos (com turma e tipo de NEE):
Bloco F — Atendimento
Atividades específicas para cada necessidade educacional especial (auditiva, visual, intelectual, altas habilidades, transtorno global do desenvolvimento):   Existência da sala de recursos multifuncional (SRM):   Horário de funcionamento da SRM: Número de alunos atendidos na SRM (em grupo e individualmente/turnos de atendimento):   Plano de Ação Pedagógico da SRM (processo de elaboração):   Plano de Atendimento Educacional Especializado para cada aluno NEE (processo de elaboração):   Adaptação curricular: Metodologia do trabalho do professor de AEE: Integração entre o AEE e os profissionais da classe regular: Metodologia do coordenador/supervisor/orientador pedagógico com relação à inclusão: Metodologia dos professores de classe regular com relação à inclusão: Metodologia de trabalho dos profissionais de apoio: Atividades de preparação para o trabalho/profissionalização para alunos com NEE:
Bloco G — Avaliação
Como ocorre o processo avaliativo do aluno com NEE: Conselhos de classe e sua relação com o processo de inclusão: Certificação de terminalidade específica:
Bloco H — Relação inclusão-comunidade escolar
Como a comunidade escolar (famílias, alunos, profissionais da educação) convivem com a inclusão: Existência de infrequência/abandono entre alunos incluídos: Interlocução com as famílias dos alunos com NEE:
Bloco I — Articulação intersetorial
Como ocorre a articulação da escola com outras políticas públicas (rede):   Relação com o órgão gestor da política:

Fonte: Documentos da Unidade de Assessoramento em Direitos Humanos do Ministério Público do RS, adaptados pela autora.

No Bloco E, é observado o modo de distribuição dos alunos nas turmas, resguardando a que as turmas com alunos com necessidades educacionais especiais tenham menor número de alunos no conjunto e o número de alunos incluídos seja restrito, conforme referências legais. Esses cuidados são importantes no sentido de permitir aos docentes condições mais adequadas para o desenvolvimento do trabalho pedagógico, ao mesmo tempo, são de difícil implementação, pois implica em custos correspondentes quanto à abertura de maior número de turmas, tanto para a rede privada, quanto pública.

O Bloco F, do atendimento, traz questões referentes ao coração do atendimento, iluminando a presença do trabalho voltado ao Atendimento Educacional Especializado (AEE), o respectivo professor e sua metodologia de trabalho, quanto ao atendimento direto ao aluno, à família deste, a assessoria ao professor de classe regular e sua inserção nos espaços de gestão pedagógica da escola. Esses elementos permitem identificar em que medida o atendimento educacional especializado está estruturado na escola e como se insere nas suas relações. Observa-se, de modo geral, que nesse eixo residem as principais resistências e/ou dificuldades para a implementação dessa política e a garantia do direito na sua integralidade, isto é, com as condições necessárias a sua efetivação. Também é examinado o modo como a política se estrutura em termos de planejamento, em dois níveis, quais sejam: quanto ao trabalho global do AEE e quanto à especificidade do aluno (plano de ação que inclui a adaptação curricular, orientação aos docentes de classe regular, atividades específicas de apoio na sala de recursos multifuncional, entre outros). O Bloco também visibiliza os profissionais de apoio, que são responsáveis pelo suporte nos casos de higiene, alimentação e locomoção de alunos que os necessitem, estando associado às funcionalidades destes. Tal suporte gera inúmeras polêmicas, quer pela expectativa das famílias em contar com esse tipo de apoio, compreendendo que se aplica a todos os casos; quer por algumas escolas não contarem com esse apoio para os casos em que há necessidade.

O Bloco G aborda os processos avaliativos do aluno com necessidades educacionais especiais, pois está resguardada pelas normativas a garantia de procedimentos diferenciados que considerem o patamar no qual o aluno se encontra no seu processo de desenvolvimento, evitando que sejam avaliados por meio de procedimentos homogeneizadores. Essa garantia, fundamental para que o aluno possa acompanhar sua turma, permanecendo integrado ao seu grupo etário, ainda é permeada por desconhecimento e nem sempre implementada de modo a garantir esse direito.

O Bloco H, por sua vez, foca a relação da comunidade escolar com a política de inclusão e, especialmente, se a escola realiza movimentos no sentido de superar eventuais resistências à proposta da inclusão, diga-se de passagem, em geral proveniente dos adultos (pais e professores). Observa-se, inclusive, se há estratégias que perpassam os espaços de gestão da escola.

O Bloco I, em suas formulações, mira a escola na sua relação com as demais políticas públicas, seu nível de articulação e interlocução. A política de inclusão carece de articulações intersetoriais consistentes, especialmente com a política de saúde, quanto ao acesso à avaliação e tratamento adequado. Nesse sentido, aqui é focada a intersetorialidade e a visão da garantia do direito por meio da articulação em rede no território no qual se encontra a instituição escolar. Do mesmo modo, é observada a relação da escola com o órgão gestor. Note-se que a política de educação, a depender da esfera, se caracteriza por relações pouco fluídas entre os gestores da política e os conselhos de educação com relação às unidades escolares, se comparada a outras políticas públicas como saúde e assistência social.

O Quadro 4 visibiliza os recursos humanos necessários à política de educação, no tocante à educação inclusiva. Os recursos humanos, nas políticas sociais, são sua principal "tecnologia", pois não há educação sem educadores e os demais profissionais que concretizem as ações pertinentes. Assim, de certa forma, pode-se dizer que os recursos humanos são o "coração da política". No caso da educação especial, são focadas as necessidades de educação continuada, imprescindíveis, ainda mais se tratando de uma estratégia inovadora — a transição entre escolas segregadas e a inserção em ambientes escolares heterogêneos. Os processos de capacitação são colhidos com relação a todos os partícipes da promoção da inclusão, tanto o professor especializado do

AEE, quanto os demais, de classe regular, gestores e profissionais de apoio. Esse é, muitas vezes, um ponto problemático da política, pois nem sempre há processos continuados de formação, mas ações pontuais e pouco abrangentes. Nesse contexto, os profissionais mais beneficiados pelos processos de formação, costumeiramente, são os especialistas na educação especial.

Quadro 4. Elementos para roteiro — recursos humanos

RECURSOS HUMANOS
Bloco J — Educação continuada dos recursos humanos
Formações voltadas para a educação inclusiva: Percepção dos entrevistados sobre a capacitação dos trabalhadores da escola para a educação inclusiva:
Bloco K — Quadro de recursos humanos (n° e carga horária)
Coordenador pedagógico/supervisor/orientador: N° professor de AEE: N° profissionais de apoio: N° intérprete de libras:

Fonte: Documentos da Unidade de Assessoramento em Direitos Humanos do Ministério Público do RS, adaptados pela autora.

Além disso, o Bloco K trata dos recursos humanos, em termos quantitativos, sendo o principal foco a existência do professor de AEE e sua carga horária/semanal, bem como dos profissionais de apoio que atuam junto aos alunos com necessidades educacionais especiais. Essa é uma particularidade nevrálgica nessa política, pois na ausência do professor especialista, o trabalho fica bastante comprometido.

Em termos de infraestrutura, giza-se que esta, como já referido, é observada do ponto de vista de sua funcionalidade para a política e não nos seus aspectos construtivos, pois refogem à área de conhecimento do assistente social. Faz-se importante fazer referência a esse foco no parecer, posteriormente, para que o leitor não tenha dúvidas acerca do escopo da avaliação do profissional.

No caso da educação inclusiva, são observadas, de modo sumário, as condições gerais de acessibilidade e, com isso, a possibilidade de que o aluno com dificuldades ou impedimentos na mobilidade possa circular pelos espaços comuns da escola sem barreiras arquitetônicas (Bloco M).

Também, dá-se especial atenção à sala de recursos multifuncionais, ambiente previsto no atendimento educacional especializado, o qual deve ofertar um conjunto de materiais pedagógicos que favoreçam o processo de ensino-aprendizagem para os alunos com limitações e potencialidades das mais diversas (Bloco N).

Quadro 5 – Elementos para roteiro – infraestrutura institucional

INFRAESTRUTURA INSTITUCIONAL
Bloco L – Características gerais da edificação
N° de pisos: Tipo de construção: Tipo de ambientes disponíveis na escola:
Bloco M – Acessibilidade
Banheiros acessíveis: Escada com corrimão: Elevador: Lousa acessível: Mobiliário acessível: Rampas internas e externas: Sinalização:
Bloco N – Sala de recursos
Existência da sala de recursos multifuncional: Materiais disponíveis na SRM:

Fonte: Documentos da Unidade de Assessoramento em Direitos Humanos do Ministério Público do RS, adaptados pela autora.

Conforme apresentado nos quadros que antecedem esse parágrafo, os tópicos do roteiro buscam colher informações sobre as categorias que indicam as condições de acesso e permanência do aluno, com a devida qualidade. São observados aspectos estruturantes da política, não adentrando, especificamente, no fazer pedagógico, ou seja, os métodos, técnicas e concepções de ensino-aprendizagem, já que refogem dos conhecimentos do Serviço Social. Por se tratar de uma política específica, para que o assistente social se habilite à realização de avaliações acerca da educação especial, na perspectiva inclusiva, é imprescindível estudar o tema, conforme descrito em item anterior. Evidencia-se que a avaliação de uma entidade em particular faz parte, no processo de avaliação da política, de um todo, assim o roteiro aqui desenvolvido poderá ser aplicado em diversas escolas, a fim de, no âmbito de uma amostra, colher dados de um grupo significativo, para, a partir do olhar da parte, mirar o todo.

Após construído o projeto acerca do desenvolvimento do processo de conhecimento/avaliação de determinada política, em se tratando de municípios de grande porte e de implicações políticas e sociais relevantes, indica-se a **apresentação e, consequente, colheita de chancela Institucional**. Para fins de apresentação e discussão institucional, por vezes é útil a construção de documento sumário (resumo do projeto) e/ou apresentação com os recursos multimídia disponíveis, de modo a comunicar de modo conciso a intencionalidade e direção da proposta.

Colhida a anuência institucional, parte-se para o **trabalho de campo**, que implicará no seguimento de cronograma previamente estabelecido, para a realização das visitas a cada equipamento/serviço, entrevista com gestores, com órgãos do controle social e com outros atores relevantes. É preciso ter a garantia das condições institucionais para a realização dos trabalhos, em especial, aqueles que demandam deslocamentos e diárias, pois uma vez iniciada a execução é essencial a sua consecução dentro do previsto, o que confere credibilidade interna e externa.

Importante observar que a depender do tipo de política é necessário que as vistorias sejam realizadas dentro do mesmo ano, a exemplo da educação, cuja atuação sofre ajustes na transição do ano letivo.

Antes de abordar a etapa de elaboração do relatório, importa adentrar no tema dos **indicadores**, pois estes são essenciais na construção do relatório de cada equipamento visitado, mas, também, na produção do relatório final, ou seja, na materialização ou produto analítico do esforço de avaliação da política pública.

Nessa direção, Boschetti (2009) discorre sobre algumas possibilidades de indicadores, enfocando direitos e benefícios assegurados, o financiamento da política e a gestão. Estes se desdobram em indicadores mais precisos, conforme quadro que segue:

Quadro 6. Indicadores propostos por Boschetti (2009)

Eixo	Indicadores
Direitos e benefícios	**Natureza e tipo dos direitos implementados** (reconhecimento legal, contribuição para acesso, monetário ou bens e serviços, contínuo ou eventual, critérios para definição dos montantes dos benefícios). **Abrangência** (alcance da política): número de beneficiários/universo do programa/política. **Critérios de acesso e permanência**: indicam intencionalidade e capacidade de inclusão/exclusão da política. **Formas e mecanismos de articulação com outras políticas**: dedica-se às conexões entre as políticas.
Financiamento e gasto	**Fontes de financiamento**: rubricas de alocação, vinculação entre receitas, permitindo avaliar perspectiva de continuidade da política. **Direção dos gastos**: distribuição dos recursos entre programas, projetos, benefícios; distribuição federativa/geográfica dos recursos. **Magnitude dos gastos**: comparativo entre recursos aprovados e executados; percentual de crescimento/redução ao longo dos anos.
Gestão e controle social democrático	**Relação entre as esferas governamentais**: papéis e responsabilidades assumidos por cada esfera; superposição de competências; existência de estrutura institucional adequada (recursos humanos, financeiros, materiais). **Relação entre Estado e organizações não governamentais**: relação entre órgãos públicos e ONGs, responsabilidades de cada um; primazia do Estado; repasse financeiro para ONGs; direção da atuação das ONGs (garantia de direitos, benemerência). **Participação e controle social democrático**: avaliar os mecanismos de controle que a sociedade dispõe (Conselhos, fóruns, conferências, entre outros).

Fonte: Boschetti (2009) sistematização da autora do presente estudo.

Os indicadores irão adquirir vida, no processo de elaboração dos relatórios, quer seja da avaliação institucional especificamente, quer da avaliação da política como um todo. Desse modo, torna-se relevante discutir a estruturação do **relatório,** neste os indicadores direcionam o olhar interpretativo, ancorado, evidentemente, no referencial teórico utilizado.

Retornando ao exemplo da rede privada, no tocante à educação especial na perspectiva inclusiva, pode-se discutir alguns indicadores à luz das referências de Boschetti (2009) e do referencial teórico desta política. A coleta de informações sobre valores e cobrança de taxas, aliada à existência de CEBAS, permitirá, como foi apontado, avaliar o acesso ao direito, pois mesmo na rede privada, esta faz parte de uma rede de ensino, regulada pelos mesmos princípios que norteiam as redes estaduais e municipais. Os critérios para a inclusão do aluno, também, dialogam com acesso. Sempre que uma escola nega vaga a um aluno cego, por exemplo, alegando falta de condições de atendê-lo, está a sinalizar que ainda não se preparou e que o direito deste foi cerceado, embora numa relação estabelecida no mercado. Aqui, no caso da educação especial, é possível cotejar os indicadores de inclusão das escolas da amostra com os dados do censo escolar das três redes e produzir inferências sobre sua abrangência.

O eixo proposto pela autora quanto ao financiamento, dialoga com o que foi apontado neste livro acerca da necessária apropriação do assistente social de conhecimentos nesse campo, para a leitura política de como se comporta o orçamento, pois, como referido por Boschetti (2009), está a indicar restrições ou possibilidades de ampliação do direito. No caso da rede privada, é possível o olhar sobre o CEBAS, pois este implica importante fatia do fundo público nesse serviço. Em outras políticas, é possível ir além, buscando indicadores que auxiliem a identificar os percentuais de investimento e sua aplicação em diferentes programas, serviços e projetos.

No campo da gestão, no caso em tela, das escolas privadas, observa-se a relação com a gestão governamental, pois a escola privada está condicionada aos regramentos públicos. No caso, sua relação se estabelece com o gestor estadual da política de educação e o conselho estadual de educação, excetuando-se escolas específicas de educação infantil, afetas ao gestor municipal e ao conselho municipal de educação. Ainda, muitas vezes, há celebração de termos de colaboração[2] entre rede pública e privada, para suprir a necessidade de vagas da primeira. Assim, como visto na discussão em torno do Estado, a esfera privada (sociedade civil) interpenetra a sociedade política, havendo correlações importantes. Em vistorias em outras políticas ou objetos distintos, a interlocução com os conselhos de direitos é essencial, como fonte de coleta e discussão acerca do processo de avaliação, pois agentes políticos essenciais na luta pela manutenção/ampliação de direitos.

Para além dos indicadores sugeridos por Boschetti (2009), agregam-se outros, especialmente aqueles que dialogam com a formulação técnica da política, ou seja, o modo como os serviços são alcançados à população, o que no roteiro se encontra nos tópicos da metodologia. Estes permitem aproximação com o *modus operandi*, a condução da política concretamente, na forma como acolhe a população e como materializa os direitos.

Enfim, é no **relatório** que se expressam essas interpretações e discussões a partir dos indicadores que dialogam com os objetivos da avaliação e com o marco teórico e legal. Nessa fase, irá ocorrer o processamento das informações, seu agrupamento, sua quantificação, sempre que possível.

O relatório precisa retratar os tópicos do roteiro, pois representativos das categorias delimitadas previamente. Para o relatório de cada equipamento/serviço/unidade visitado, sugere-se a seguinte estrutura:

- Identificação: dados do demandante, dados do(s) técnico(s) que realizaram o trabalho, assunto, identificações institucionais (nº de procedimento/processo).

- Introdução: referência ao escopo do trabalho, sua articulação com o todo, instrumentos usados, datas de sua realização e local, no caso de entrevistas, referir os nomes dos entrevistados e sua qualificação, delimitar o escopo legal utilizado por base.

---

2. Designação definida no novo marco regulatório das Organizações da Sociedade Civil, sempre que o interesse da parceria parte da administração pública.

- Desenvolvimento: para fins de uma apresentação didática e compreensível do relatório, pode seguir eixos espelhados no roteiro. Nessa parte, deverão constar os aspectos metodológicos da política, os recursos humanos e a infraestrutura, com os desmembramentos das categorias utilizadas. Note-se que essa parte irá fundamentar o parecer final que constará nas conclusões ou considerações finais, por isso deve ser detalhado.

- Considerações finais: essa é a parte interpretativa do relatório, necessariamente precisa abordar os grandes eixos de análise, realizando a leitura crítica e densa acerca dos dados analisados. Nessa parte do relatório devem ser lançadas sugestões de condução do assunto por parte do agente jurídico, sendo relevante a sua apresentação, pois o demandante, de modo geral, solicita a avaliação a fim de ter subsídios acerca da condução do seu trabalho diante de determinada querela.

Quando elaborado o relatório acerca da política como um todo, os relatórios parciais, ou seja, de cada equipamento e dos diálogos com os órgãos de controle social e gestão da política, devem estar concluídos, para que o relatório geral os utilize.

Dependendo da extensão da política e o número de categorias em análise, por vezes, é necessário criar instrumentos auxiliares de sistematização de dados quanti-qualitativos, com o uso, por exemplo, de planilhas em Excel. Também, em alguns momentos, nessa fase se identificam dificuldades na elaboração dos relatórios, de modo que alguns dados podem estar incompletos ou foram entendidos de modo diverso pelos membros da equipe, oportunidade para, mesmo nessa fase, realinhar o entendimento acerca da política com todos os profissionais.

No **relatório final**, o referencial teórico que embasa a leitura da política deve ser utilizado com toda a intensidade, de modo a fundamentar os achados da avaliação. Além disso, é momento oportuno para a utilização de bancos de dados nacionais disponíveis na internet que permitem contextualizar os achados. Nas últimas décadas, no Brasil, houve um avanço significativo na ampliação de relatórios, censos e outros dispositivos analíticos acerca de diversas políticas, constituindo-se rico material para sustentação da defesa de direitos em qualquer seara. O referido relatório será, na sequência, publicizado e compartilhado pela Instituição, de modo que estará sujeito ao crivo público, de atores com interesses distintos, por isso o embasamento é essencial para que as considerações sejam defensáveis, a partir da legislação nacional e internacional e de pesquisas e estudos da área em questão. Ainda, nesse diapasão, sugere-se a utilização das normativas internacionais, sempre que houver zonas de nebulosidade no âmbito interno do país, buscando fundamentar perspectivas mais favoráveis à atenção às necessidades dos sujeitos envolvidos.

Nessa linha, Silva (2001, p. 69) conclui que o

> relatório de um estudo avaliativo deve contar a síntese dos resultados da avaliação, conclusões e recomendações elaboradas pela equipe técnica da avaliação, tendo em vista o caráter de aplicabilidade dos estudos avaliativos, sendo o relatório o instrumento de publicização do estudo. Nesse sentido, a elaboração do relatório não é uma formalidade, mas um momento relevante do processo de avaliação.

A relevância dos relatórios por unidade e dos relatórios finais/gerais da avaliação de políticas públicas, no Sociojurídico, é enorme, visto que os demandatários são instituições jurídicas e, nesse ambiente, a formalidade impera, de maneira que as posições não existem se não forem expressas em documentos. Mais ainda, é recomendável especial cuidado para com a linguagem, que deve zelar pela clareza, objetividade, inteligibilidade, formalidade, densidade e assertividade nas leituras realizadas acerca da realidade. Sobretudo, as duas últimas características elencadas são essenciais, pois os relatórios são peças que se prestam ao convencimento de outrem no Sistema de Justiça. Nesse caso, os juízos de valor que não se encontrem plenamente ancorados nos achados devem ser evitados, assim como relativizados os elementos que não podem ser generalizados.

Na etapa de compartilhamento dos achados da avaliação, é recomendável a construção de apresentações que sintetizem estes. Essa etapa é estratégica para que a avaliação surta efeitos na realidade fática, ou seja, que a partir da avaliação se ponham em movimentos atores importantes em torno de aprimoramento da política em questão. No caso das avaliações específicas de instituições, sugere-se, de modo geral, o envio do relatório pelo demandante à instituição avaliada, como subsídio a sua caminhada. Na maior parte das vezes, a receptividade é muito positiva por esses grupos sobre esse momento de compartilhamento, visto que, infelizmente, embora recomendado, não é um procedimento comum nesse tipo de processo avaliativo. Conforme o público envolvido e a dimensão da política, nesse momento, podem ser articuladas medidas de saneamento dos estrangulamentos identificados, buscando a corresponsabilidade de todos.

Em vista da aplicabilidade dos efeitos da avaliação na vida, sugere-se, como um primeiro momento do compartilhamento, que este seja feito de maneira aprofundada com o agente jurídico demandante — Juiz, Promotor de Justiça, Defensor Público —, a sua compreensão e apropriação dos dados é elemento chave para as etapas posteriores. A seguir, com outros integrantes da Instituição, nos casos de maior alcance da avaliação. Na sequência, com os gestores da esfera de governo local e da política pública em pauta, com o controle social, com os trabalhadores e os gestores das unidades visitadas.

Concorda-se com Silva (2001) quanto à defesa de que o compartilhamento seja efetuado com os beneficiários da política e a sociedade em geral, visto que amplia para além dos grupos técnicos e gestores das políticas, favorecendo a que a publicização seja instrumento de controle social e de pressão pela efetividade e ampliação dos direitos. No mundo jurídico, esse tipo de proposição requer ousadia, pois a área do Direito é mais hermética com relação à interlocução com a sociedade, sendo refratária a interagir em espaços nos quais não tenha completo controle sobre o desfecho dos debates. Embora isso, as audiências públicas são instrumentos utilizados, muitas vezes, pelo próprio Ministério Público; bem como cabe aos profissionais a propositura desses ambientes com a devida argumentação acerca dos benefícios de a comunidade, especialmente a de usuário dos serviços, se apropriar das avaliações acerca das políticas públicas. O profissional, nesse contexto, tem a oportunidade de influir no formato desse tipo de encontro, podendo contribuir para a mudança de cultura institucional e abertura dos horizontes na relação e nas alianças com segmentos da sociedade defensores de direitos.

Ainda, no andamento do trabalho, é preciso ajustar com o demandante, no caso extrajudicial, as etapas subsequentes ao compartilhamento, pois políticas mais complexas ou com muitos nós críticos necessitarão de processos interventivos planejados ao longo do tempo. Esse é um ponto habitualmente complexo, pois muitas vezes, nas instituições do Sociojurídico, há mudanças dos agentes nos seus postos, ocasionando solução de continuidade das ações em andamento ou do método de intervenção. No caso do Ministério Público, por exemplo, a autonomia funcional, eventualmente, é tida como atuação autônoma, desconexa de linhas institucionais ou de seguimento de processos já desencadeados. Nesses casos, o profissional pode colaborar na tessitura da passagem dos trabalhos entre membros, nesse tipo de projeto de avaliação de política no qual esteja envolvido, visando mitigar os efeitos da fragmentação e da desarticulação.

Nesses procedimentos posteriores à avaliação, uma das frentes de atuação do assistente social é a assessoria, no caso do Ministério Público, à confecção do Termo de Ajustamento de Conduta (TAC) junto ao poder público ou organização privada executora de política pública. Por meio dos achados da avaliação, o assistente social pode indicar os elementos estratégicos para alavancar determinada política, inclusive, sugerindo, quando for o caso, o período de tempo possível para sua implementação. Da mesma forma, o profissional reúne as condições para assessoria aos operadores jurídicos em audiências judiciais e extrajudiciais, contribuindo com a percepção que reuniu acerca da política, realizando as mediações necessárias para os ajustes que podem ser firmados, considerando os interesses e grupos envolvidos, tendo como direção social à garantia de direitos humanos, nas suas dimensões peculiares a cada situação.

Ainda, estratégico no contexto aqui discutido de fortalecimento dos direitos conquistados e ampliação de demandas por direitos, é a atuação do profissional em prol do revigoramento da intersetorialidade, por meio da estratégia de trabalho em rede. O trabalho em rede, embora muito comentado entre aqueles que transitam nas políticas públicas, é difícil de ser alcançado, pois implica compartilhamento de poder e atuação em uma lógica de conexão a partir dos pontos em comum. Desse modo, ao ter no horizonte essa estratégia, o profissional pode propor em todos os espaços de discussão daquela política, a partir da avaliação realizada, alternativas que estimulem a conexão dos pontos da rede, também introduzindo ou fortalecendo a cultura de trabalho intersetorial entre as instituições do Sociojurídico.

Discutidos esses processos que podem auxiliar nas escolhas dos assistentes sociais e no alicerçamento de seus processos de trabalho na avaliação das políticas públicas, a seguir serão traçados alguns debates em torno da avaliação de instituições de atendimento.

3.4 Avaliação de instituições de atendimento: particularidades em relevo

Ao abordar a avaliação de políticas públicas, foram, ao mesmo tempo, apresentadas diretrizes para a avaliação de instituições de atendimento, já que, *grosso modo*, esta última, de modo geral, faz parte ou é uma etapa da avaliação da política. Dessa maneira, esse item será dedicado a discutir aspectos que permeiam as instituições às quais comumente o Serviço Social é chamado a avaliar.

Aqui, de modo especial, o olhar será direcionado às instituições de moradia devido às suas idiossincrasias. Grande parte da atuação dos assistentes sociais quanto à avaliação de instituições de atendimento se direciona para espaços de atendimento contínuo, quer sejam instituições de longa permanência para idosos, serviços residenciais terapêuticos (pessoas com transtorno mental), residenciais inclusivos, acolhimento institucional e familiar para crianças e adolescentes, unidades de internação e de semiliberdade para adolescentes, comunidades terapêuticas, abrigos para mulheres vítimas de violência, presídios, entre outras similares. Muitos destes encontram-se no limiar da clandestinidade, inclusive com públicos mistos, distantes das definições pré-concebidas pelas políticas públicas. Tais situações geram muitos dilemas cotidianos aos profissionais, premidos pela necessidade de classificar aquele serviço dentro da política pública ou, ainda, decisões em torno da contradição entre algum tipo de atendimento e nenhum atendimento. Sem a pretensão de exaurir essa temática, são debatidos alguns desses dilemas ou contradições e possíveis dispositivos analíticos.

Conforme foi possível vislumbrar no primeiro capítulo deste livro, a historicidade acerca da construção das políticas públicas no Brasil não segue movimentos lineares, mas avança e retrocede conforme a disputa pela hegemonia entre as classes sociais. Ao mesmo tempo, na Constituição Federal de 1988 e nas legislações infraconstitucionais, os direitos foram sendo positivados em sintonia com a força política dos segmentos envolvidos. Desse modo, alguns segmentos, por exemplo, conquistaram seus direitos mais cedo e outros mais tarde, dado o grau de organização de cada um.

Nesse contexto, as legislações e normativas das políticas, no campo da infância e juventude, são hoje as mais abrangentes e estruturadas. Já a política para a pessoa idosa, pessoas com transtorno mental, pessoas com problemas decorrentes do uso de drogas alcançaram mais recentemente algumas regulações. Este é um primeiro ponto para análise de instituições voltadas para esses segmentos, pois na infância e juventude há vasto arcabouço orientativo, até o momento, já que a grave conjuntura que se atravessa no Brasil, caracterizada pelo ataque aos direitos, coloca em risco até as áreas mais fortemente erigidas.

Para as demais, as parcas orientações precisam ser consideradas em um marco mais amplo de defesa de direitos humanos ou mesmo de estruturação da política pública a qual se vinculam, por exemplo, na relação entre serviços residenciais terapêuticos e comunidades terapêuticas com a

Reforma Psiquiátrica. Assim, o profissional necessita realizar a articulação entre a política para o segmento e a política setorial, os grandes direitos que fundamentam a segunda contribuirão para conformar os direitos específicos do segmento.

Diante de instituições alheias a qualquer marco regulatório, pois sem a estrutura necessária a sua formalização, o profissional, muitas vezes, se questiona acerca do seu posicionamento no parecer, quando a proposição de medidas mais drásticas como o encerramento da atividade da instituição lhe parece imprópria, dado o descaso ou a dificuldade de o poder público local assumir certos serviços. Sobre isso, não há como ter regramentos gerais para conduzir o posicionamento institucional, porém duas linhas de ação se mostram plausíveis.

Em primeiro plano, não cabe ao profissional transigir direitos da população, ou seja, minimizá-los frente a limites do agente público ou privado que os deveria promover. Ao contrário, no relatório de avaliação, os direitos precisam de visibilidade, sem omitir qualquer deles, seja qual for o contexto. O poder do profissional no processo de avaliação encontra seus limites no Código de Ética Profissional, conforme pontuado nas diretrizes propostas no início deste capítulo.

Em segundo lugar, o profissional, ao ter no horizonte o conceito de política pública, articulará os meios para visibilizar a responsabilidade do poder público e seu envolvimento com o direcionamento do atendimento e do público envolvido. Inclusive, é muito comum os órgãos do Sistema de Justiça e, por conseguinte, os assistentes sociais dessas instituições indicarem instituições de atendimento para casos individuais, vindo depois a "fiscalizá-las". A esse respeito, não cabe às instituições do Sistema de Justiça indicar instituições de atendimento, essa é uma atribuição da política pública.

Nessa linha, o assistente social, nos processos de avaliação da política pública, deve atuar na perspectiva de corresponsabilidade do Poder Público sobre os desfechos das situações, estimulando o trabalho em rede e a assunção pelos órgãos competentes de suas atribuições. Essa estratégia reforça o lugar e o papel da política pública e evita a sua judicialização, quando o Sistema de

Justiça avança em direção às competências e atribuições do Poder Público (esfera do Executivo). Esses movimentos são permeados por contradições, evidentemente, pois a judicialização das políticas públicas também ocorre por força de seus gestores e trabalhadores. Todavia, a dimensão do lugar e do papel do Sistema de Justiça contribuirá para que o profissional se movimente entre tais tensões.

Realizada esta introdução ao tema, as instituições referidas anteriormente têm em comum o atendimento ininterrupto. Cada uma dentro de suas especificidades, também atuam com públicos historicamente segregados — crianças, adolescentes e idosos pobres, "loucos", "drogados", jovens "infratores", "presos". Desse modo, há um processo histórico de atendimento nesse tipo de instituição e determinadas características que, em distintas épocas, mantém um fio condutor comum. Para Goffman (2001), o ser humano interage em diferentes lugares, mas ao ingressar em instituições fechadas, que caracterizou como totais, passa a interagir sempre com as mesmas pessoas e ambientes, sob regramentos e condutas impostas. Para o autor, o que caracteriza a instituição total é a separação do indivíduo da sociedade por determinado período de tempo, a imposição de uma vida fechada, dirigida por uma administração formal, baseada no discurso de atendimento aos objetivos institucionais.

Goffman (2001) concluiu, a partir do estudo de doentes mentais em hospitais psiquiátricos, que tais instituições produzem profundos efeitos no "eu", pois o sujeito é apartado de sua vida civil, sendo despojado de seu papel no mundo externo e impedido de interagir com este. Ainda, é enquadrado pela imposição de regras de conduta, desapropriado de seus bens, perdendo sua segurança pessoal e identidade. Nesse contexto, as regras da casa, se aceitas e obedecidas, geram privilégios, e, se desafiadas, castigos.

As instituições que prestam serviços de moradia continuada ou por determinado período e as prisionais, embora tenham objetivos distintos e marcos normativos diversos, possuem em comum certas tendências que podem passar desapercebidas nas avaliações institucionais, pois, para trazê-las à luz, é necessário o uso de lentes específicas.

A começar, quando instituições para idosos, crianças e adolescentes, pessoas com transtorno mental, por exemplo, tem como centralidade do trabalho a oferta de alimentação, moradia e higiene, se aproximam da qualidade de instituição total. Nesse caso, as interações e as rotinas são pobres, endógenas à instituição, marcadas, de modo geral, por hábitos rígidos quanto à higiene e à alimentação, não havendo espaço para a expressão da individualidade e das necessidades de cada residente. A instituição persegue a homogeneidade dos hábitos cotidianos, a exemplo, os idosos são acordados às 6 horas da manhã ou antes para tomarem banho (independente do clima e dos hábitos pretéritos), para, em seguida, desfrutarem da refeição matinal; ou as crianças do acolhimento são despertadas todas ao mesmo tempo, sem considerar as atividades nas quais estão inseridas. Os horários de visita das famílias são restritos a poucos dias e horários, de modo a não "perturbar as rotinas institucionais", embora as normativas defendam o direito à convivência familiar e comunitária.

Muitas das instituições para idosos demonstram explicitamente tais características, desconhecendo os históricos de vida de seus residentes. Todos são tratados do mesmo modo, com as mesmas rotinas, mesma alimentação, impedidos e desestimulados de saírem da instituição sozinhos (mesmo que possível). Sem qualquer espaço para manifestação e reconhecimento da sua subjetividade, devem ser moldados a tornarem-se amorfos no ambiente da instituição, reduzidos à satisfação de suas necessidades biológicas e, muitas vezes, tratados de modo infantilizado.

Essas lógicas, estudadas por Foucault (1987), no âmbito das prisões, se aplicam, em muitos casos, às instituições de características totais, quando o autor lembra que o objetivo destas é capturar o corpo e a alma, dando-se aí a intervenção punitiva.

> Quanto aos instrumentos utilizados, não são mais jogos de representação que são reforçados e que se faz circular; mas formas de coerção, esquemas de limitação aplicados e repetidos. Exercícios, e não sinais: **horários, distribuição do tempo, movimentos obrigatórios, atividades regulares, meditação**

solitária, trabalho em comum, silêncio, aplicação, respeito, bons hábitos. E finalmente, o que se procura reconstruir nessa técnica de **correção não é tanto o sujeito de direito, que se encontra preso nos interesses fundamentais do pacto social: é o sujeito obediente, o indivíduo sujeito a hábitos, regras, ordens, uma autoridade que se exerce continuamente sobre ele e em torno dele, e que ele deve deixar funcionar automaticamente nele** (Foucault, 1987, p. 106, grifos da autora).

Observe-se que as lógicas da prisão são apropriadas pelas instituições de "correção". Na área da infância e juventude, por exemplo, desde a década de 1980, houve forte resistência dos movimentos sociais e de trabalhadores da área às instituições de cunho "reformatório", dando guarida ao paradigma da proteção integral e da compreensão de crianças e adolescentes como sujeitos de direitos. Ocorre que os veios da "correção" se encontram arraigados nas práticas, embora seja um segmento no qual a política pública se modificou enormemente. É corrente, por exemplo, a tentativa de criar os acolhimentos por perfil, separando adolescentes usuários de substâncias psicoativas ou com envolvimentos com atos infracionais dos demais acolhidos. Com isso, em muitos municípios se (re)criam os equipamentos por "perfil" para "depositar" esse público em espaço específico — segregado —, ou seja, no lugar dos perigosos para o endurecimento das regras e dos métodos de trabalho. Com isso, os princípios pedagógicos que demonstram que o convívio com a diferença desperta a empatia e o respeito ao outro são rapidamente sonegados.

Desse modo, nos processos de conhecimento da realidade de instituições de atendimento, o conhecimento das **rotinas e do cotidiano** é essencial para desvendar os meios com os quais a instituição pode buscar a docilidade e a obediência, assim como reconhecer as formas de **resistência** das populações acolhidas em tais espaços.

Além desse tipo de homogeneização e normalização que a instituição busca imprimir no cotidiano, não se pode desprezar outra frente perversa que é o trato para com o corpo, os castigos, o isolamento, os maus-tratos físicos e emocionais. Aliás, muitas vezes, as instituições do Sistema de Justiça são chamadas a atuar a partir de denúncias acerca desse tipo de evento, as quais não são de fácil desvelamento se tomado como referência o evento em si, pois envolve as relações de poder internas. Todavia, o conhecimento do funcionamento da instituição oferece padrões, possíveis de identificação, que podem corroborar ou não com os eventos.

Para Foucault (1987, p. 149), na função normalizadora e disciplinadora das instituições, desenvolvem-se micromecanismos penais, a saber:

> Na oficina, na escola, no exército funciona como repressora toda uma micropenalidade do tempo (atrasos, ausências, interrupção de tarefas), da atividade (desatenção, negligência, falta de zelo), da maneira de ser (grosseria, desobediência), dos discursos (tagarelice, insolência), do corpo (atitudes "incorretas", gestos não conformes, sujeira), da sexualidade (imodéstia, indecência). Ao mesmo tempo é utilizada, a título de punição, toda uma série de processos sutis, que vão do castigo físico leve a privações ligeiras e pequenas humilhações. Trata-se de ao mesmo tempo de tornar penalizáveis as frações mais tênues da conduta, e de dar uma função punitiva aos elementos aparentemente indiferentes do aparelho disciplinar: levando ao extremo, que tudo possa servir para punir a mínima coisa; que cada indivíduo se encontre preso numa universalidade punível-punidora.

A partir das contribuições de Foucault sobre a microfísica do poder e de como se manifesta nas relações institucionais, fica patente a importância de, além da exploração das informações sobre as rotinas e a constituição do cotidiano, conhecer as "**regras**". Estas, escritas ou não, trarão em parte os mecanismos descritos pelo autor como micropenais.

Merece destaque, nessa contextura, o trato da **sexualidade** nas instituições. Tema ainda tabu na sociedade e, na conjuntura atual, marcado pelo crescimento e/ou expressão de ideias conservadoras, contrárias a uniões homoafetivas, a busca da "cura gay", desqualificadoras de filhos fruto de relacionamentos que não persistiram, enfim, percepções de que há um modelo ideal de família e de que o exercício da sexualidade, aparentemente, deve estar vinculado a essa vivência. Essas correntes não escapam das instituições "totais", aliás, este espaço da vida social tem sido, pelas suas características históricas, reduto de visões cerceadoras e estigmatizantes quando se trata de sexualidade.

São múltiplas as formas de expressão da disciplina sexual que as instituições buscam impingir aos seus usuários, alguns exemplos: impedimento de que uma adolescente transexual use cueca na instituição de privação de liberdade feminina; casais idosos que dormem em quartos separados na instituição por imposição desta; negação da sexualidade dos idosos nos projetos institucionais; negação acerca da existência de idosos homossexuais em ILPIs; campanhas de uso de métodos contraceptivos padronizados em adolescentes acolhidas; não oferta de preservativo para adolescentes em semiliberdade; negação do debate sobre sexualidade em instituições de internação; retardamento da implementação da visita íntima na internação. Enfim, são múltiplas as formas de negação ou de imposições de condicionantes ao exercício da sexualidade nas instituições avaliadas. Desse modo, esse tema precisa fazer parte dos roteiros e dos relatórios das avaliações.

Abordada a questão da sexualidade, é preciso prospectar outras formas de violência do âmbito das instituições. A garantia de homeostase nas suas relações internas e funcionamento em geral, muitas vezes, é assegurada por meio da violência física e/ou psicológica, da contenção medicamentosa e do isolamento. Desse modo, os meios de preservação de condições internas "seguras", não raro fazem uso de recursos violentos, ora explícitos, ora dissimulados, ora ancorados nos próprios sistemas disciplinares instituídos.

É necessário que se diga que as instituições se utilizam e expressam as diferentes formas de violência existentes na sociedade. Poderia se afirmar que pelas suas condições herméticas, incrementam e concentram essas manifestações, alimentadas pelas concepções históricas projetadas sobre elas na perspectiva segregacionista, especialmente.

Restritamente, no tangente às instituições prisionais para adultos ou jovens, é preciso considerar algumas particularidades em torno de seus segmentos. Para Menicucci e Carneiro (2011), as mudanças ou manutenção das práticas, nessas instituições, guarda relação com as resistências dos implementadores (profissionais das unidades), bem como com estratégias adaptativas da política, que precisa se acomodar a dada estrutura e ao perfil do público-alvo. Nesse contexto, os funcionários que se relacionam direta e cotidianamente com os sujeitos privados de liberdade possuem elevado poder para determinar benefícios, sanções e interpretação das regras.

Não raro, as transgressões são frutos das ausências de direitos, como o impedimento do uso livre do banheiro, a restrição do telefonema à família, a restrição do atendimento técnico, o trato desrespeitoso de qualquer dos trabalhadores da Unidade, entre outras tantas. Até mesmo a garantia de um direito pode estar revestida de coerção, como mencionado por Menicucci e Carneiro (2011), em unidade de internação de Minas Gerais, na qual a falta à aula pode resultar em isolamento de 24 horas. No Rio Grande do Sul, a alimentação, em diversas unidades, é servida nas celas, sob o pretexto de que os adolescentes mais "fortes" constrangem os demais e retiram sua alimentação ou por falta de efetivo para custódia, o que poderia fragilizar a segurança.

Esses exemplos práticos mostram o campo de sutilezas que perpassa tais instituições. Por isso, quanto mais complexa a instituição na sua estrutura organizacional, mais amplo deve ser o leque de entrevistados, nas vistorias, e, especialmente, o contato com o público-alvo é essencial, na medida em que tais sutilezas não se apresentam de imediato. A superficialidade nas entrevistas conduz a respostas padronizadas e a informações que expressam a manutenção do *status quo*. Como diz Kosik (1976), a dialética trata da "coisa em si", fazendo uma distinção entre a representação e o conceito da coisa. Dessa forma, a existência real e a forma fenomênica da realidade são distintas e até contraditórias com a lei do fenômeno, com a estrutura da coisa, com seu núcleo interno essencial. O mundo caracteriza-se pela complexidade, em que o cotidiano se apresenta no claro-escuro de verdade e engano. Assim, a essência não se dá imediatamente, pois o pensamento do homem, permeado pelo senso comum e pela práxis fetichizada, conduz ao mundo da aparência.

Realizada essa incursão em torno de questões que se repetem, em parte das instituições avaliadas, quanto a violações de direitos e às suas características que podem se aproximar do modelo descrito pelo interacionismo simbólico, representado aqui, por Goffman e Foucault, quanto às instituições totais, resta trazer algumas diretrizes importantes para a defesa e ampliação de direitos, de modo geral, sem, com isso, desprezar suas particularidades, que serão apreciadas em cada estudo do profissional. As bases da avaliação das instituições de atendimento já foram descritas no item anterior, quanto a três eixos básicos: metodologia do atendimento, recursos humanos e infraestrutura, sem descurar de que cada unidade deve ser inserida no todo para o conhecimento/análise, pois inviável descontextualizá-la. Situam-se, então, algumas categorias que podem auxiliar para a avaliação da metodologia do trabalho.

A **abertura e flexibilidade da instituição** é um indicador importante, pois mitigar os efeitos da institucionalização e das amarras, descritas por autores que se dedicam a explorar estes sobre as pessoas, importa em aumentar os níveis de abertura e flexibilidade da instituição. Isso pode ser observado em alguns indicadores como: participação dos usuários na vida da comunidade; utilização dos serviços externos; redução das atividades ofertadas internamente com seu aumento no ambiente externo; acolhimento às diferenças raciais, étnicas, de gênero, sexuais; reconhecimento da sexualidade como dimensão humana, acolhendo-a e admitindo seu exercício. Importante, nesse caso, conhecer o princípio da incompletude institucional, preconizado em normativas internacionais na área da infância e juventude.

A **proximidade com as famílias e com o contexto originário do usuário** é outro indicador importante. Quanto mais afastada a instituição da família e da comunidade do usuário, maior o grau de contenção interna, maior o desenraizamento do sujeito e as perdas em termos de subjetividade e pertencimento. Esse indicador será desdobrado em outros a serem colhidos nas entrevistas: visita da família à instituição e do residente/interno à família, quanto maior a frequência e a flexibilidade destas, maior a possibilidade de manutenção de vínculos; custeio da instituição para a manutenção de vínculos, nesse caso verificando se a instituição oferece condições concretas para as visitas mútuas, como fornecimento de passagens, espaço físico para visitas, acompanhamento para visitas, entre outros.

A localização da instituição é outro indicador. Como se discutiu anteriormente, as políticas estão municipalizadas, devem ocorrer, de maneira geral, no território dos municípios. Desse modo, a distância da instituição e da população-alvo é outro indicador importante, quanto maior a distância, maiores as possibilidades de manutenção da institucionalização e ruptura de vínculos.

A **democracia interna da instituição** é outro indicador que poderá ser verificado por meio da existência de espaços internos para discussão das regras, do cotidiano da vida naquele local, e como se dá a participação dos usuários e trabalhadores nesses espaços.

A **condução dos conflitos**, também, é indicador válido, ou seja, que tipo de conflitos ocorrem, como são conduzidos, por meio de que ferramentas, quem administra as sanções, quando existentes, quais os mecanismos de contraponto e defesa.

Os **canais existentes para o diálogo interno na instituição**, ou seja, quais os espaços para a discussão sobre o trabalho desenvolvido, seus nós críticos, e para o planejamento do trabalho institucional. Quanto maior o diálogo entre os pares, mais a instituição terá recursos internos para lidar com suas contradições, a comunicação será mais fluída e melhores as condições para mitigar os efeitos perversos da instituição total. Esse indicador poderá ser medido por meio da verificação sobre existência de reuniões sistemáticas das equipes de trabalho, orientação e direção técnica desses espaços, participação de todos os segmentos institucionais, mesmo que em momentos diferentes.

Atualmente, a maioria das normativas em torno das políticas para segmentos prevê a estruturação do **trabalho técnico na instituição**, de modo que este pode ser de grande valia na oxigenação das instituições e luta pela defesa de direitos, porém não basta verificar a existência de equipe técnica, é preciso avaliar sua vitalidade, seu protagonismo, sua participação na vida e dinâmica institucional.

Por fim, a **identificação de quais são os direitos (positivados ou não) daqueles sujeitos e como são efetivados**. Os indicadores aqui elencados são algumas possibilidades, muitos outros podem ser projetados à luz da experiência profissional no Sociojurídico. Estes articulados aos anteriormente descritos, que tratam do arcabouço da política, conformam algumas pistas para a roteirização e análise da realidade.

Alinhavos finais
Em meio ao cenário contemporâneo de desmonte de direitos

> "Não é no silêncio que os homens se fazem, mas na palavra, no trabalho, na ação-reflexão."
>
> *Paulo Freire*

A trajetória deste texto se encerra em dias nublados no Brasil. As lutas por direitos sofrem reveses! Não é a primeira vez na história do país. Desde a Colônia desenha-se o traçado de um país dependente no contexto externo, a reboque das grandes potências. Fortes heranças da escravidão e do genocídio indígena povoam as ruas, quando a população negra experiencia os piores indicadores sociais e os indígenas, sob a égide do Governo Bolsonaro, estão ameaçados de serem enxotados de suas terras, para que a grilagem, a expropriação de suas riquezas naturais e o desmatamento avancem.

Diferente do que se costuma dizer do brasileiro — passivo, acomodado —, muitas lutas foram travadas ao longo dessa história e muitas outras serão.

Formas de resistências as mais variadas são criadas todos os dias, ocupações urbanas e rurais, greves, ocupações de escolas e universidades, passeatas, entre outros. Foram ocupados os espaços da institucionalidade, nesse campo, um metalúrgico oriundo do movimento sindical esteve à frente da Nação por oito anos, elegendo sua sucessora, que em seu segundo mandato sofreu um golpe jurídico, legislativo, midiático que mudou o curso da história recente.

A encruzilhada a que se chegou, nesse momento, desperta fantasmas do passado, visto que o Governo Bolsonaro tem entre seus quadros inúmeros militares e acena com o fortalecimento de frentes relativamente novas como as igrejas neopentecostais na esfera política e de representação partidária, reforça os grandes proprietários rurais — o agronegócio — e amplia a influência daqueles que defendem o fortalecimento do Estado Penal nas suas diversas expressões. As forças progressistas derrotadas no processo eleitoral ainda estão perplexas!

Prospectar a atuação do Serviço Social no Sociojurídico, nesse contexto, é um enorme desafio. Em primeiro plano, estas instituições não estão imunes a essa conjuntura, ao contrário, são atores ativos, como foi demonstrado aqui. Então é possível afirmar que, no conjunto, tais instituições vivem, hoje, uma inclinação hegemônica em torno de visões mais conservadoras e retrógradas. Isto não significa a inexistência de pensamento divergente, mas, como traz Gramsci, há uma direção política e cultural em torno de visões conservadoras quanto aos costumes e do lugar das classes sociais.

Assim, a conjuntura na qual o Serviço Social se movimenta nessas instituições é complexa e repleta de adversidade, considerando o projeto ético-político da profissão. Por outra via, a contradição sempre está presente, sendo momento de construção de alianças que orbitam em projetos mais progressistas nos quais a defesa de direitos — em toda a sua amplitude — tenha lugar.

A categoria profissional, ao longo das últimas décadas, construiu trajetórias importantes quanto à defesa e garantia de direitos humanos no Sociojurídico e uma das frentes mais profícuas tem sido a avaliação de instituições de atendimento e de políticas públicas. Por obra de diversos profissionais tem sido escrito esse caminho, do ponto de vista teórico e prático, pois a categoria tem produzido teoricamente sobre essa experiência e, no cotidiano, a tem desenvolvido, repensado e avançado muito. Desse modo, as ponderações trazidas neste livro refletem essa construção, já que a autora é uma das profissionais que compartilha desse caminho comum.

No momento em que as políticas públicas, no Brasil, passarão por um momento dramático, em que sofrerão as consequências do avanço do neoliberalismo financista e do avanço do reacionarismo que contamina a vida social e reforça os veios punitivos e conservadores do Estado brasileiro, os processos de trabalho dos assistentes sociais na avaliação de políticas públicas poderão contribuir com movimentos de resistência. Para tanto, a intervenção profissional deverá ser dotada de tática e estratégia que permita, sobretudo, alicerçar um campo de alianças que compartilhe da defesa da democracia, na sua acepção ampla. Esse campo de alianças envolve o Sistema de Justiça, os movimentos sociais, os conselhos de direitos, as demais categorias profissionais, enfim, todos aqueles que apresentam pontos de conexão com as diferentes lutas que ocuparão o horizonte.

O saber profissional não é neutro, se traveste o tempo todo de posições, que podem atuar no campo dos direitos, mas podem, também, capitular aos projetos que apaziguam as contradições sociais. Como ensinou Paulo Freire, o trabalho, a ação-reflexão-ação permitem construir o mundo. Não são tempos de calar!

Leituras afins

BAPTISTA, Myriam Veras. *Planejamento social:* intencionalidade e instrumentação. São Paulo-Lisboa: Veras, 2002.

BEHRING, Elaine Rossetti. Acumulação capitalista, fundo público e Política Social. *In*: BOSCHETTI, Ivanete et al. *Política social no capitalismo*: tendências contemporâneas. São Paulo: Cortez, 2008. p. 44-63.

CASTEL, Robert. *As metamorfoses da questão social:* uma crônica do salário. Petrópolis: Vozes, 1998.

CHAUI, Marilena. *Brasil:* mito fundador e sociedade autoritária. São Paulo: Fundação Perseu Abramo, 2004.

DONZELOT, Jacques. *A polícia das famílias.* Rio de Janeiro: Graal, 1986.

HABERMAS, Jürgen. *Mudança estrutural da esfera pública*: investigações quanto a uma categoria da sociedade burguesa. Rio de Janeiro: Tempo Brasileiro, 1984.

LEFORT, Claude. *A invenção democrática*: os limites do totalitarismo. São Paulo: Brasiliense, 1991.

NOGUEIRA, Marco Aurélio. *Um Estado para a sociedade civil:* temas éticos e políticos da gestão democrática. São Paulo: Cortez, 2004.

POLANYI, Karl. *A grande transformação:* as origens de nossa época. Rio de Janeiro: Elsevier, 2000.

SORJ, Bernardo. *A democracia inesperada:* cidadania, direitos humanos e desigualdade social. Rio de Janeiro: Jorge Zahar, 2004.

VIEIRA, Evaldo. *Os direitos e a política social.* São Paulo: Cortez, 2007.

Filmografia

Filmes que versam sobre episódios da história brasileira, mundial e as lutas por direitos humanos

Filme	Direção
Nós que aqui estamos, por vós esperamos (1998), documentário	Marcelo Masagão
Quanto vale ou é por quilo? (2005)	Sérgio Bianchi
Guerra de Canudos (1997)	Sérgio Rezende
Revolução de 30 (1980)	Silvio Back
Olga (2004)	Jayme Monjardim
Memórias do cárcere (1984)	Nelson Pereira dos Santos
Getúlio (2014)	João Jardim
Os anos JK – uma trajetória política (1980)	Silvio Tendler
Jango (1984)	Silvio Tendler
1984 – um golpe contra o Brasil (2013)	Alípio Freire
O que é isso, companheiro? (1997)	Bruno Barreto
Batismo de sangue (2007)	Helvécio Ratton
O ano em que meus pais saíram de férias (2006)	Cao Hamburguer
Lamarca (1994)	Sérgio Resende

Zuzu Angel (2006)	Sérgio Resende
Dossiê Jango (2013) documentário	Paulo Henrique Fontenelle
Eles não usam black-tie (1980)	Leon Hiszman
Muda Brasil (1985) documentário	Oswaldo Caldeira
Real: o plano por trás da história (2017)	Rodrigo Bittencourt
Lula, o filho do Brasil (2010)	Fábio Barreto e Marcelo Santiago
O processo (2018) documentário	Maria Augusta Ramos

Filmes que versam sobre instituições

Filme	Direção
Um estranho no ninho (1975)	Marcelo Masagão
Nenhuma a menos (1999)	Zhang Yimou
Bicho de sete cabeças (2001)	Laís Bodanzky
Elefante (2003)	Gus Van Sant
Jogo da imitação (2014)	Morten Tyldum
As irmãs de Maria Madalena (2004)	Peter Mullan
O cárcere e a rua (2004) documentário	Liliane Sulzbach

Referências

ACANDA, Jorge Luis. *Sociedade civil e hegemonia.* Rio de Janeiro: UFRJ, 2006.

ALVES, José Eustáquio Diniz. *Análise de conjuntura:* teoria e método. Disponível em: http://www.ie.ufrj.br/aparte/pdfs/analiseconjuntura_teoriametodo_01jul08.pdf. Acesso em: 14 out. 2018.

BARROS, Luiza Aparecida de. *Serviço Social na Defensoria Pública:* potências e resistências. São Paulo: Cortez, 2018.

BEHRING, Elaine Rossetti. *Brasil em contra-reforma:* desestruturação do estado e perda de direitos. São Paulo: Cortez, 2003.

BEHRING, Elaine Rossetti; BOSCHETTI, Ivanete. *Política social:* fundamentos e história. São Paulo: Cortez, 2007. (Biblioteca básica de Serviço Social. V. 2.)

BERETTA, Regina Célia de Souza; MARTINS, Lilia. Estado, municipalização e gestão municipal. *Serviço Social & Sociedade*, São Paulo, ano XXV, n. 77, p. 63-77, mar. 2004.

BOSCHETTI, Ivanete; TEIXEIRA, Sandra Oliveira; DIAS, Adriane Tomazelli. A execução orçamentária da política de assistência social e dos programas para crianças e adolescentes. *Serviço social & sociedade*, São Paulo, ano XXVII, n. 85, p. 71-97, mar. 2006.

BOSCHETTI, Ivanete. Avaliação de políticas, programas e projetos sociais. *In*: *Serviço Social:* direitos e competências profissionais. Brasília: CFESS/ABEPSS, 2009.

BRAGA, Ruy. O fim do lulismo. *In*: JINKINGS, Ivana; DORIA, Kim; CLETO, Murilo. *Por que gritamos golpe?* Para entender o impeachment e a crise. São Paulo: Boitempo, 2016.

BRASIL. *Constituição da República Federativa do Brasil*. Brasília: Senado Federal, Centro Gráfico, 1988.

BRASIL. *Justiça em números 2018*: ano-base 2017. Conselho Nacional de Justiça. Brasília: CNJ, 2018.

BRASIL. *IV Diagnóstico da Defensoria Pública no Brasil*. Brasília: Ministério da Justiça, Secretaria da Reforma do Judiciário, 2015. Disponível em: https://www.anadep.org.br/wtksite/downloads/iv-diagnostico-da-defensoria-publica-no-brasil.pdf. Acesso em: 30 jan. 2019.

BRASIL. *Síntese de indicadores sociais:* uma análise das condições de vida da população brasileira. Instituto Brasileiro de Geografia e Estatística (IBGE). Coordenação de População e Indicadores Sociais. Rio de Janeiro: IBGE, 2018.

BRONZEADO, Valério. Monitoramento da garantia da absoluta prioridade. *In*: 12º CONGRESSO NACIONAL DO MINISTÉRIO PÚBLICO, MINISTÉRIO PÚBLICO E DEMOCRACIA. *Livro de Teses do 12º Congresso Nacional do Ministério Público*, Tomo III. Fortaleza, 1998.

BRONZO, Carla; VEIGA, Laura da. Intersetorialidade e políticas de superação da pobreza: desafios para a prática. *Serviço Social & Sociedade*, São Paulo, ano XXVIII, n. 92, p. 5-21, nov. 2007.

CARDOSO JÚNIOR, José Celso; JACCOUD, Luciana. Políticas sociais no Brasil: organização, abrangência e tensões da ação estatal. *In*: JACCOUD, Luciana (Org.). *Questão social e políticas sociais no Brasil contemporâneo*. Brasília: IPEA, 2005. p. 181-260.

CARVALHO, José Murilo de. *Cidadania no Brasil:* o longo caminho. Rio de Janeiro: Civilização Brasileira, 2004.

CASSIOLATO, Cristiano. Ministério Público e controle dos atos da administração pública em tema de direitos fundamentais: ação civil pública e mérito administrativo. In: XVI CONGRESSO NACIONAL DO MINISTÉRIO PÚBLICO, MINISTÉRIO PÚBLICO E JUSTIÇA SOCIAL, EM DEFESA DA ÉTICA E DOS DIREITOS FUNDAMENTAIS, 2005, Belo Horizonte. *Anais do XVI Congresso Nacional do Ministério Público.* Belo Horizonte: CONAMP, AMMP, 2005.

CASTRO, Jorge Abrahão de. Política social: alguns aspectos relevantes para discussão. In: *Concepção e gestão da proteção social não contributiva no Brasil.* Brasília: Ministério do Desenvolvimento Social e Combate à Fome, UNESCO, 2009. p. 87-132.

CHAGAS, Bárbara da Rocha Figueiredo. Positivismo e marxismo: o debate sobre a neutralidade científica e a construção do projeto profissional do Serviço Social brasileiro. *Revista Serviço Social,* Londrina, v. 17, n. 2, p. 169-186, jan./jun. 2015. Disponível em: Users/silviast/Downloads/21954-107821-1-PB.pdf. Acesso em: 31 jan. 2019.

CHAUI, Marilena. *Cultura e democracia:* o discurso competente e outras falas. São Paulo: Cortez, 2000.

COHEN, Ernesto; FRANCO, Rolando. *Avaliação de projetos sociais.* Petrópolis: Vozes, 1993.

COLOGNESE, Silvio Antonio; MÉLO, José Luiz Bica de. A técnica de entrevista na pesquisa social. *Cadernos de Sociologia,* Porto Alegre, v. 9, p. 143-159, 1998.

COSTA, Ângela Marques da; SCHWARCS, Lilia Moritz. *Virando séculos:* 1890-1914, no tempo das certezas. São Paulo: Companhia das Letras, 2000.

COSTA, Renata Souza. Resenha. LAVAL, Christian. *A escola não é uma empresa:* o neoliberalismo em ataque ao ensino público. Londrina: Editora Planta, 2004. Disponível em: https://portalseer.ufba.br/index.php/revistagerminal/article/view/9682/10488. Acesso em: 15 jan. 2019.

COUTINHO, Carlos Nelson. Notas sobre cidadania e modernidade. *Revista Praia Vermelha,* Rio de Janeiro, UFRJ, p. 145-165, 1997.

DAGNINO, Evelina. Sociedade civil, espaços públicos e a construção democrática no Brasil: limites e possibilidades. *In:* DAGNINO, Evelina (Org.). *Sociedade civil e espaços públicos no Brasil.* São Paulo: Paz e Terra, 2002. p. 279-302.

DELGADO, Maria da Conceição de Freitas; ANDRADE, Muirá de Belém; MENDES, Mayara. Um olhar ao interdito: análise das demandas de interdição e curatela no MPPE, no ano de 2007, a partir de parecer técnico. *In*: II ENCONTRO NACIONAL DO SERVIÇO SOCIAL NO MINISTÉRIO PÚBLICO, 2008, Brasília. *Relatório final do II Encontro Nacional do Serviço Social no Ministério Público*, Brasília, Ministério Público do Distrito Federal e Territórios, 2008.

FERNANDES, Florestan. A reconstrução da realidade nas ciências sociais. *Revista Mediações*, Londrina, v. 2, n.1, p. 47-56, jan./jun. 1997. Disponível em: file:///E:/Users/silviast/Downloads/9372-34765-1-PB.pdf. Acesso em: 31 jan. 2019.

FLORIANÓPOLIS. 6º Encontro Nacional do Serviço Social no Ministério Público. *Relatório Final*. Florianópolis: 2017. Disponível em: https://documentos.mpsc.mp.br/portal/manager/resourcesDB.aspx?path=2379. Acesso em: 07 fev. 2019.

FOUCAULT, Michel. *Vigiar e punir:* nascimento da prisão. Petrópolis: Vozes, 1987.

FOUCAULT, Michel. *A verdade e as formas jurídicas*. Rio de Janeiro: NAU Editora, 2003.

FURTADO, Celso. *Formação econômica do Brasil*. São Paulo: Companhia das Letras, 2007.

GIL, Antônio Carlos. *Métodos e técnicas de pesquisa social*. São Paulo: Atlas, 1987.

GÓES, Maria Amélia Sampaio. A dimensão pedagógica do Ministério Público na guarda do direito à educação de crianças e adolescentes. *In*: XV CONGRESSO NACIONAL DO MINISTÉRIO PÚBLICO, MINISTÉRIO PÚBLICO E A PAZ SOCIAL, 2003, Gramado. *Anais...* Porto Alegre: CONAMP, AMPRGS, 2003.

GOFFMAN, Erving. *Manicômios, prisões e conventos*. São Paulo: Perspectiva, 2001.

GRAMSCI, Antônio. *Cadernos do cárcere*: Maquiavel, notas sobre o Estado e a política. Rio de Janeiro: Civilização Brasileira, 2002. V. 3.

GRAVRONSKI, Alexandre Amaral. *A tutela coletiva no Estado Democrático de Direito*: democracia e participação política. 89 f. (Monografia para disciplina O Processo Civil na Constituição Federal no curso de mestrado) — Pontifícia Universidade Católica de São Paulo, São Paulo, 2005.

HOBSBAWM, Eric. *Era dos extremos:* o breve século XX, 1914-1991. São Paulo: Companhia das Letras, 1995.

HOLANDA, Sérgio Buarque de. *A contribuição italiana para a formação do Brasil.* Florianópolis: NUT/NEIITA/UFSC, 2002.

IAMAMOTO, Marilda. Apresentação. *In*: COUTO, Berenice Rojas. *O direito social e a assistência social na sociedade brasileira*: uma equação possível? São Paulo: Cortez, 2004. p. 19-28.

JACCOUD, Luciana. Proteção social no Brasil: debates e desafios. *In*: *Concepção e gestão da proteção social não contributiva no Brasil.* Brasília: Ministério do Desenvolvimento Social e Combate à Fome, UNESCO, 2009. p. 57-86.

KOSIK, Karel. *Dialética do concreto.* Rio de Janeiro: Paz e Terra, 1976.

LEFÈBVRE, Henri. *Lógica formal, lógica dialética.* Rio de Janeiro: Civilização Brasileira, 1987.

LIMA, Antônia Jesuina de. A constituição dos direitos do homem e sua dimensão simbólica: uma análise lefortiana. *Serviço Social & Sociedade*, São Paulo, ano XVIII, n. 53, p. 46-66, mar. 1997.

LIMA JÚNIOR, Jayme Benvenuto. O caráter expansivo dos direitos humanos na afirmação de sua indivisibilidade e exigibilidade. *In*: LYRA, Rubens Pinto (Org.). *Direitos humanos, os desafios do século XXI:* uma abordagem interdisciplinar. Brasília: Brasília Jurídica, 2002.

LIVIANU, Roberto. Da atuação do Ministério Público na luta pelo cumprimento dos deveres do estado como forma de defesa dos interesses sociais frente à discricionaridade administrativa. *In*: 12º CONGRESSO NACIONAL DO MINISTÉRIO PÚBLICO, MINISTÉRIO PÚBLICO E DEMOCRACIA, 1998, Fortaleza. *Livro de Teses.* Tomo III. Fortaleza, 1998.

LOPREATO, Luiz Francisco C. *Aspectos da atuação estatal de FHC a Dilma.* Instituto de Pesquisa Economia Aplicada (IPEA)/Brasília: Rio de Janeiro, 2015.

LÖWY, Michael. *Método dialético e teoria política.* Rio de Janeiro: Paz e Terra, 1978.

MARTINS, Charles Emil Machado. O controle difuso da Constituição e a efetividade dos direitos sociais. In: XV CONGRESSO NACIONAL DO MINISTÉRIO PÚBLICO, MINISTÉRIO PÚBLICO E A PAZ SOCIAL, 2003, Gramado. *Anais...* Porto Alegre: CONAMP, AMPRGS, 2003.

MAZZILLI, Hugo Nigro. *O acesso à justiça e o Ministério Público.* São Paulo: Saraiva, 1998.

MELLO, João Manuel Cardoso. *O capitalismo tardio:* contribuição à revisão crítica da formação e do desenvolvimento da economia brasileira. Campinas: UNICAMP. IE, 1998.

MENICUCCI, Clarissa Gonçalves; CARNEIRO, Carla Bronzo Ladeira. Entre monstros e vítimas: a coerção e a socialização no Sistema Socioeducativo de Minas Gerais. *Serviço Social & Sociedade*, São Paulo, n. 107, p. 535-556, jul./set. 2011.

NETO, João Lopes de Assunção. *A estrutura do Ministério Público.* Disponível em: https://www.webartigos.com/artigos/estrutura-do-ministerio-publico/30202. Acesso em: 12 jan. 2019.

NOGUEIRA DA SILVA, Márcia. *Trabalho profissional no Ministério Público:* assessoria e disputa de projetos societários, institucionais e profissionais. Universidade do Estado do Rio de Janeiro. Centro de Ciências Sociais. Faculdade de Serviço Social. Programa de pós-graduação em Serviço Social. Rio de Janeiro, Mimeo., 2017.

OLIVEIRA, Sulivan Silvestre. Atuação do MP na área especializada — um exercício de preocupação social pela cidadania plena — Interesses supra-individuais. *In*: 11º CONGRESSO NACIONAL DO MINISTÉRIO PÚBLICO, TRANSFORMANDO A SOCIEDADE NO ANO 2000, 1996, Goiânia. *Livro de Teses.* Tomo I. Goiânia, 1996.

OLIVEIRA, Francisco de. *Crítica à razão dualista:* o ornitorrinco. São Paulo: Boitempo, 2003.

OLIVEIRA, Rodrigo Perez. *O lugar de Temer na história do Brasil.* Será Bolsonaro um presente de grego para o projeto privatista, como foram Jânio Quadros e Collor? Jornalistas Livres. Disponível em: https://jornalistaslivres.org/o-lugar-de-temer-na-historia-do-brasil/. Acesso em: 31 jan. 2019.

PEREIRA, Potyara. *Necessidades humanas:* subsídios à crítica dos mínimos sociais. São Paulo: Cortez, 2006.

PEREIRA, Potyara. Discussões conceituais sobre política social como política pública e direito de cidadania. *In*: BOSCHETTI, Ivanete et al. (Org.). *Política social no capitalismo:* tendências contemporâneas. São Paulo: Cortez, 2008.

PINHO, Carlos Eduardo Santos. Emergência e declínio do Governo Dilma Rousseff à luz das capacidades do Estado brasileiro (2010-2016). *Revista Brasileira de Planejamento e Orçamento* (RBPO). Brasília, v. 6, n. 1, p. 94-121, 2016.

POCHMANN, Márcio; AMORIM, Ricardo (Org.). *Atlas da exclusão social no Brasil.* São Paulo: Cortez, 2004.

POCHMANN, Márcio. Ciclos do valor do salário mínimo e seus efeitos redistributivos no Brasil. *In*: BALTAR, Paulo; DEDECCA, Cláudio; KREIN, José Dari. *Salário mínimo e desenvolvimento.* Campinas: Unicamp IE, 2005. p. 137-146.

RAICHELIS, Raquel. Assistência social e esfera pública: os conselhos no exercício do controle social. *Serviço Social & Sociedade*, ano XIX, n. 56, p. 77-96, mar. 1998.

REIS, Carlos Nelson. A relação Estado-sociedade: o desmonte das instituições sociais e a exclusão social. *In*: BULLA, L. C. et al. (Org.). *A pesquisa em Serviço Social e nas áreas humano-sociais.* Porto Alegre: EDIPUCRS, 1998. p. 21-38.

RESURREIÇÃO, Lucas. Assistência jurídica e a atuação planejada e estratégica da Defensoria Pública. *Consultor Jurídico.* Disponível em: https://www.conjur.com.br/2018-jun-12/tribuna-defensoria-assistencia-juridicae-atuacao-estrategica-defensoria-publica. Acesso em: 31 jan. 2019.

ROCHA, Mário Sérgio. O Ministério Público e a tutela efetiva dos novos direitos. *In*: XV CONGRESSO NACIONAL DO MINISTÉRIO PÚBLICO, MINISTÉRIO PÚBLICO E A PAZ SOCIAL, 2003, Gramado. *Anais...* Porto Alegre: CONAMP, AMPRGS, 2003.

SADER, Emir. *Século XX:* uma biografia não-autorizada. O século do imperialismo. São Paulo: Fundação Perseu Abramo, 2000.

SADER, Emir. Direitos e esfera pública. *Serviço Social & Sociedade*, São Paulo, n. 77, p. 5-10, 2004.

SALVADOR, Evilasio. Fundo Público e Financiamento das Políticas Sociais no Brasil. *Serviço Social em Revista*, Londrina, v. 14, n. 2, p. 4-22, jan./jun. 2012.

SANTOS, Cíntia Aparecida dos. *Serviço Social e Ministério Público*. São Paulo: Papel Social, 2018.

SILVA, Maria Ozanira da Silva (Org.). *Avaliação de políticas e programas sociais:* teoria e prática. São Paulo: Veras Editora, 2001.

SILVA, Cátia Aida. Promotores de Justiça e novas formas de atuação em defesa de interesses sociais e coletivos. *Revista Brasileira de Ciências Sociais*, v. 16, n. 45, p. 127-144, fev. 2001.

SOUZA, Silvio Claudio; VILLANOVA, Carla. *Projeto neoliberal e educação:* a mercadorização de pessoas. *In:* IV Jornada Internacional de Políticas Públicas. Disponível em: http://www.joinpp.ufma.br/jornadas/joinppIV/eixos/11_educacao/projeto-neoliberal-e-educacao-a-mercadorizacao-de-pessoas.pdf. Acesso em: 31 jan. 2019.

SPOSATI, Aldaíza. Especificidade e intersetorialidade da política de assistência social. *Serviço Social & Sociedade*, São Paulo, ano XXV, n. 77, p. 30-53, mar. 2004.

STEIN, Rosa Helena. Configuração recente dos programas de transferência de renda na América Latina: focalização e condicionalidade. *In:* BOSCHETTI, Ivanete et al. *Política social no capitalismo:* tendências contemporâneas. São Paulo: Cortez, 2008. p. 196-219.

STOTZ, Eduardo Navarro. Pobreza e capitalismo. *In:* VALLA, Victor Vincent; STOTZ, Eduardo Navarro; ALGEBAILE, Eveline Bertino (Orgs.). *Para compreender a pobreza no Brasil.* Rio de Janeiro: Contraponto/Escola Nacional de Saúde Pública, 2005. p. 53-72.

TAYLOR, Matthew. O Judiciário e as políticas públicas no Brasil. *Revista Brasileira de Ciências Sociais*, Rio de Janeiro, v. 50, n. 2, p. 229-257, 2007.

TEJADAS, Silvia da Silva. *O direito humano à proteção social e sua exigibilidade:* um estudo a partir do Ministério Público. Curitiba: Juruá, 2012.

TERRA, Cilene; AZEVEDO, Fernanda. *Adolescente, ato infracional e Serviço Social no Judiciário:* trabalho e resistências. São Paulo: Cortez, 2018.

VIEIRA, Evaldo. *Os direitos e a política social.* São Paulo: Cortez, 2007.

WANG, Daniel Wei Liang. Reserva do possível, mínimo existencial e direito à saúde: algumas aproximações. *Revista de Direito Sanitário*, São Paulo, v. 10, n. 1, p. 308-318, mar./jul.2009. Disponível em: https://www.researchgate.net/publication/276390229_Reserva_do_possivel_minimo_existencial_e_direito_a_saude_algumas_aproximacoes. Acesso em: 31 jan. 2019.

WILLIANSOM, John. Nossa agenda e o Consenso de Washington. *In*: KUCZYNSKI, Pedro-Pablo; WILLIANSOM. *Depois do Consenso de Washington:* retomando o crescimento e a reforma na América Latina. São Paulo: Saraiva, 2004.

GRÁFICA PAYM
Tel. [11] 4392-3344
paym@graficapaym.com.br